TEACH YOURS[...]

© Ye[...] [...] 2013

Publisher: Christian Translation LLC

www.christian-translation.com

Printed in the USA

Cover Design by SAL media

First Edition 2010 Dominican Republic
Updated Second Edition 2014 USA

ISBN 13: 9780996687300 paperback
ISBN 10: 0996687300   paperback
ASIN: B013VV2C9Q   Kindle

Scripture quotations, unless otherwise indicated are taken from the
King James translation, public domain.

Teach Yourself

HAITIAN
Creole

Yeral E. Ogando

ACKNOWLEDGEMENTS

I am very thankful to God for giving me the opportunity to write this book: Teach Yourself Haitian Creole; which is dedicated to God first of all.

To my beloved daughters Yeiris and Tiffany Ogando. Without their and patience it would not have been possible to finish this work.

Also to my dear father, Hector Ogando, my dear aunt, Nelly Ogando, my beloved mom, and grandmother Seferina.

Additionally, I want to dedicate this work to all of those who desire and want to improve themselves in life. Especially to my brother in Christ, "Fre Lazard Medilien", for his collaboration; he has reviewed this work and has contributed to its creation.

This work has been inspired by all of you, to provide you with an easy and understandable tool for your quick learning.

This work is composed of 10 lessons. Just remember that in Creole, all words have the stress in the last syllable, and there is only one acute accent mark over the letter e (è) and sometimes over the letter o (ò), in other words, those accentuated in the last syllable.

The key to learning this language is to learn many verbs in the four or five main tenses, in addition to acquiring a great amount of vocabulary.

Practice what you learn; this will give you an opportunity to see your growth.

I invite you to study the content of this book, and you will see the results in a very short time.

Table of Contents

INTRODUCTION

How to be Successful in Learning Creole

1. Dedicate 20 minutes daily to study, instead of a couple of hours a week. It is much more effective to spend no more than 20 or 30 minutes a day studying Creole.

2. Return to the previous lessons and review the words and language structures until the topics that seemed difficult become easy.

3. Pronounce the words and phrases out loud and listen to the MP3 Audio when you can. *CHECK THE **BONUS PAGE** FOR MP3 AUDIO DOWNLOADING.*

4. Take advantage of every opportunity to practice the language. Try to meet native speakers so that you can practice with them, or practice with your classmates; it is always more beneficial to speak to a native speaker and listen to the accents and the pronunciations directly from a native.

5. Do not worry about making mistakes. What is most important is to communicate and interact with the little you have learned, you could be surprised at how well you can make yourself understood. Do not forget that you are learning a new language; therefore, you do

not know everything about it, it is logical to make mistakes. As a matter of fact, the best way to learn is making mistakes and having those mistakes corrected. If you already knew Creole, you would not be studying it. DO NOT BE ASHAMED TO SPEAK…

SYMBOLS AND ABBREVIATIONS

Audio Smbol: This indicates that the MP3 Audio download is needed for this section

Dialogue Symbol: This indicates dialogue

Exercises Symbol: This indicates exercises

Grammar Symbol: This indicates grammar or explanations

History and Culture Symbol: This indicates cultural or historic country information. Credit goes to Wikipedia for much of this informatin

A little More Symbol: This indicates we have added a little more information to the lesson.

Bonjou – Good Morning

In this unit you will learn

- How to read the Creole Alphabet
- How to read any text in Creole
- How to say good morning

Before your start

You might think that learning Creole will be difficult, but you will be surprised to see how fast you can learn to recognize words. To be able to learn Creole you will have to follow the sequence given in this course, focusing on the first two lessons, which will give you the foundation for a better learning.

If you still have not downloaded your MP3 Audio files, check our BONUS PAGE for the DOWNLOAD.

Creole has some sounds that will be new to your ears. You will need the MP3 to practice the pronunciation of words. If you listen carefully and repeat the words clearly, you will be soon pronouncing the words correctly.

I recommend that you always read out loud,

so you can listen to yourself and compare the pronunciation with the one in the MP3 Audio. Remember to check the **Pronunciation Guide.**

Do not forget that it is more effective to study a few minutes a day than to attempt to study a big portion occasionally. Your concentration will be best taken advantage of with 20 minutes of daily study.

The Creole Alphabet

We have divided the **Creole Alphabet** in 3 different sections: consonants, vowels and consonants & combinations.

Consonants and how they sound in English

B (beh)   sounds like… in Boy   Bèl

D (deh)   sounds like… in David   Devwa

F (ef) sounds like… in Frank   Frè

G (jeh) sounds like… in Gargoyle   Genyen

J (jee)   sounds like… in Job   Jezi

K (kah)   sounds like… in Cat   Kay

L (el) sounds like… in Larry   Limyè

M (em)   sounds like… in Marry Manman

N (en)   sounds like… in Nancy Nasyon

P (peh)   sounds like… in Paul   Papa

R (er) *is not pronounced like the English R
Rat – Ris - Ras

S (es) sounds like... in Sam   Silvouplè
T (the)sounds like... in Tom   Travay
V (veh)   *sounds like... in Vet   Vrè
Y (ee greg) * sounds like ... Yes   Yo
Z (zed)*sounds like... in Zebra   Zepol

Vowels and how they sound in English

A (ah) sounds like... in Apple   Alyans
E (eh) sounds like... in Get   Espesyal
I (ee) sounds like... in India   Istwa
O (oh) sounds like... in Photo   Otèl
OU (ooh) *sounds like... in Put   Oumenm

Special Cases

Ch This letter sounds like the English SH or the French CH. Cheve – Chatiman – Kochon.

C (seh) This letter does not exist in Creole, you will only need it to spell foreign names. Carla. It never comes alone. It always comes with (ch) in the Creole language.

V   sounds like... in Vet, but differentiating it from B, its sound is similar to the F. Vrè - Verite – Vlope.

N   when the N is at the end of the sentence, its sound is nasal, almost mute. Nasyon - Nati.

If it is double N at the end of the word, then it will sound as a regular N. Konprann.

R   please pay special attention to the

sound of this letter, practice the sound until it sounds the same as in the MP3 Audio's pronunciation. Rat – Ris - Ras.

W (doobleh veh) sounds like (ooh). It is the same sound as the (ou) combination.   Wete.

X (eeks) does not exists in Creole, you will only find it in foreign words. It is only good for spelling.

Y (ee greg) sounds like (ee) and sometimes comes with a consonant or a vowel. Ye, genyen.

Z   this sound is similar to the s sound, but it is stronger, please pay attention to its pronunciation. Zeb – zepol – Ze

Pronunciation and combinations chart

Ba	Be	Bi	Bo	Bou (w)
Bla	Ble	Bli	Blo	Blou (w)
Bra	Bre	Bri	Bro	Brou (w)
Da	De	Di	Do	Dou (w)
		Dlo		
Dra	Dre	Dri	Dro	Drou (w)
Cha	Che	Chi	Cho	Chou (w)
Fa	Fe	Fi	Fo	Fou (w)
Fla	Fle	Fli	Flo	Flou (w)

Teach Yourself Haitian Creole

Fra	Fre	Fri	Fro	Frou (w)
Ga	Ge	Gi	Go	Gou (w)
Gla	Gle	Gli	Glo	Glou (w)
Gra	Gre	Gri	Gro	Grou (w)
Ja	Je	Ji	Jo	Jou (w)
Ka	Ke	Ki	Ko	Kou (w)
Kla	Kle	Kli	Klo	Klou (w)
Kra	Kre	Kri	Kro	
La	Le	Li	Lo	Lou (w)
Ma	Me	Mi	Mo	Mou (w)
Na	Ne	Ni	No	Nou (w)
Pa	Pe	Pi	Po	Pou (w)
Pla	Ple	Pli	Plo	Plou (w)
Pra	Pre	Pri	Pro	Prou (w)
Ra	Re	Ri	Ro	Rou (w)
Sa	Se	Si	So	Sou (w)
Ta	Te	Ti	To	Tou (w)
Tra	Tre`	Tri	Tro	Trou (w)
Va	Ve	Vi	Vo	Vou (w)

| Vla | Vle | | Vlo | |
| | Vre | Vri | | |

| Za | Ze | Zi | Zo | Zou (w) |

| Wa | We | Wi | Wo | Wou (w) |

| | Ye | | Yo | You (w) |

Reading practice 🔒

Anba – Under
Bonè – Early
Bourik – Donkey
Chamo – Camel
Dlo - Water
Famasi – Pharmacy - Drugstore
Gri de pen – Toaster
Pòt – Door
Rich - Rich
Sèt - Seven
Tris - Sad
Vrè – True
Ye – Yesterday
Zouti – Tool / utensil
Jansiv – Gums
Lèd – Ugly
Mayi – Corn

Nen – Nose
Pri - Price
Mouton – Lamb / sheep
Anplwaye – To employ / employee
Diri – Rice

Common Expressions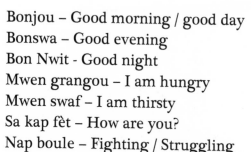

Bonjou – Good morning / good day
Bonswa – Good evening
Bon Nwit - Good night
Mwen grangou – I am hungry
Mwen swaf – I am thirsty
Sa kap fèt – How are you?
Nap boule – Fighting / Struggling
Mwen rele – I am/ my name is
Bondye beni w – God bless you

Congratulations! Now you can read Creole, you are ready to go to the second lesson.

Remember to review the words you have learned in Creole, read them out loud and practice them.

Review their pronunciation in the MP3 Audio if you are not sure of the pronunciation.

Then read the words in English and see if you can remember its meaning in Creole.

Do not worry if you do not know them perfectly "Practice makes perfect."

Kòman Ou Ye – How are you

In this unit you will learn

- How to greet
- How to use the personal pronouns
- Meet the family members

Dialogue One

Mari: Bonjou Mesyè

Jan: Bonjou Madmwazel, kòman ou ye Jodi-a?

Mari: mwen pa pi mal, mèsi, e ou menm?

Jan: mwen trè byen, mèsi

Mari: eskize'm mesyè, kòman w rele?

Jan: Madmwazel, mwen se frè Lazard.

Mari: mèsi anpil mesyè

Jan: padkwa

Mari: nap we yon lòt lè

Jan: ok, pa gen pwòblem, n'ap we ankò

Mari: Ok.

Creole words from dialogue one:

Bonjou – Good morning or Good Day –

Hello

    Mesyè – Sir

    Madmwazel – Miss

    Kòman -How*

    Ou – You

    Ye – To be*

    Jodi-a – Today

    Mwen – I

    Trè byèn – Very well

    Mèsi – Thanks

    E – And

    Ou Menm – Yourself

    Eskize'm – Excuse me

    Rele – To call

    Se – To be*

    Frè – Brother

    Mesi Anpil – Thank you very much

    Padkwa – You are welcome

    Nap we yon lòt lè – See you later

    Ok, pa gen pwòblem – Ok, no problem

*Kòman – How? Kijan is also used to say "how". You can say Kòman or Kijan either way.

Ye – To be. This voice of the to be verb is only used at the end of the sentence, never at the beginning or in the middle.

Se – To be. This is the voice of the verb "To be" that would be used in the middle or at the beginning of a sentence.

Dialogue Two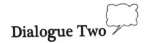

Pòl: Bonjou Madanm, kòman ou yè ?

Cheri: Bonjou Mesyè, m trè byèn mèsi, e ou menm?

Pòl: byèn, mesi madanm. Mwen isit avèk sè mwen

Cheri: oh! Kòman ou ye, madmwazel?

Bèl: mwen pa santi m byèn jodi-a.

Cheri: kisa ou genyen?

Bèl: mwen menm, mwen pa gen anyen, men pitit mwen trè mal

Cheri: kisa li genyen?

Bel: li genyen lafyèv depi de jou

Cheri: mwen regret sa, madmwazel, mwen swete l fè myè.

Bèl: ok, mèsi madanm, abyentò.

Pòl: pase bon jounen madanm

Cheri: mesi anpil pou vizit-la.

Creole words from dialogue two:

Madanm – Madam

Isit – Here

Avèk – With*

Sè mwen – My Sister

Pa – Negative form

Santi – To feel

Kisa – what

Genyen-Gen – To have
Anyen – Nothing
Men – But
Pitit mwen – My son
Mwen regret sa – I am sorry
Abyentò – See you soon
Pase bon jounen – Have a good day
Pou – For / By *
Vizit-la – The visit

*Avèk – With. Some times you will hear Avè without the K at the end, some other times you will see AK, they are all different voices for Avè.

Pou – for / by. As we have seen, it means both For and By; however, when one wants to make a distinction between one and the other, then one should use Pou when one means For and PA when one means By.

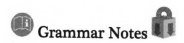 Grammar Notes

Personal Pronouns: In Creole there are two forms for the personal pronouns. The complete form and the contracted one.

It is important to point out that in Creole using the complete form is a common as the contracted one.

Complete Form	Contracted Form
Mwen – I	M
Ou – You	W
Li – He / She / It	L
Nou – We / You (plural)	N
Yo – They	Y

As we can see, there are only five personal pronouns in Creole, compared to English.

Li: you will know when it refers to he or she by the context of the sentence, conversation or person we are referring to. Review DIALOGUE TWO...

Compound Pronouns: They are widely used in Creole and they are made with the complete form of the personal pronoun and the particle "MENM" which by itself means, self. Remember to never use them with the contracted form of the pronoun.

Mwen Menm – Myself
Ou Menm – Yourself
Li Menm – Himself / Herself
Nou Menm – Ourselves / Yourselves
Yo Menm – Themselves

Sometimes in Creole, when you want to emphasize a point, you repeat the particle

"Menm" twice. For example: Mwen menm menm...

Ability

The particles "KAPAB, KAP & KA" are used to express the ability or lack of ability, to do something. You just need to place it after the noun or pronoun.

Kapab, kap o ka   Capable or to be capable, to be able to do something

Mwen kapab pale kreyòl	I can speak kreyòl
Nou <u>pa ka</u> ale	We cannot go
Mwen <u>pa ka</u> Domi	I cannot sleep

Negative

To make the negative form just place the particle "PA" before the verb or after the noun or pronoun.

Mwen wè yon moun	I see a man
Mwen pa wè yon moun	I do not see a man
Mwen pa janm wè moun yo	I never see them (men)
Mwen pa wè anyen	I do not see

21

anything

 Mwen <u>pa wè</u> pesonn   I do not see
anybody

 Mwen poko wè yon moun I do not see
anybody yet

 Pa janm   Never

 Poko   *Yet (it does not use pa)*

Practice Makes Perfect

1. Translate the following sentences toEnglish

 a. Mwen ka domi

 b. Poukisa ou pa ka ale ?

 c. Kisa ou genyen

 d. Mwen menm, mwen trè byèn

 e. Kijan w yè madanm?

2. Translate the following sentences to Creole

 f. I never sleep

 g. Why do they not speak?

 h. We do not talk yet

 i. What does she have?

 j. I am so so

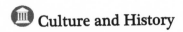 Culture and History

Creole or Haitian Creole is one of the two

official languages spoken in Haiti, it is also spoken in the Bahamas, Canada, Cayman Islands (British Overseas Territory), Dominican Republic, French Guiana (French Overseas Department), Guadalupe (French Overseas Department), Puerto Rico (Associated Free State), United States, Venezuela, France, Cuba, Belize – Dominica, Martinique, Mauritius – Reunion – Saint Lucia – Saint Vincent and the Grenadines - Seychelles – Virgin Islands

It is structurally based in French, but it is mixed with languages from West Africa, such as the Wolof and some Gbe languages. It also shows influence from other African tongues, such as Fon, Ewe, Kikongo, Yoruba and Igbo; also from Arabic, Spanish, Taino and English.

The history of Haitian Creole is uncertain. The first known reference to Creole is found in the French text of "Voyage d'un Suisse dans différentes colonies d'Amérique pendant la dernière guerre" by Justin Girod-Chantrans, Swiss, edited in 1785 and re-edited in 1786.

A Little More – Meeting the Family
Fanmi-a – The Family
Papa - Dad
Manman - Mom

Mari – Spouse – Husband

Madanm – Spouse – Wife

Gason – Son – Man

Fi – Daughter

Frè - Brother

Sè - Sister

Tonton - Uncle

Tant - Aunt

Kouzen – Cousin (male)

Kouzin – Cousin (female)

Ti bebè-a – The Baby (male)

Ti moun-nan – The Baby (female)

Ti Gason – Boy

Ti Fi – Girl

Jenn Moun – Young man

Jenn Fi – Young woman

Gran Moun Gason – Old man

Gran Moun Fanm – Old woman

Fanm - Woman

Granmè – Grandmother

Granpè – Grandfather

Bible Verse

Women 3:23

Tout moun fè peche; yo tout vire do bay Bondye ki gen pouvwa a.

Mwen Konprann Kreyòl – I Understand Creole

In this unit you will learn

- How to show your knowledge of Creole
- The correct use of verbs and their conjugation
- The different nationalities

Dialogue One

Lazard: Bonjou madanm, eske w pale kreyòl?

Tiffany: Bonjou mesyè, wi, mwen pale yon ti kras

Lazard: poukisa se yon ti kras?

Tiffany: paske m manke pratike, eske w ka pratike ansanm avèk -mwen?

Lazard: non, m pa ka pratike avè-w kounye-a, men si m gen telefon ou, n'ap ka pratike.

Tiffany: Eh! Byen men nimewò pam 809-333-3222

Lazard: dakò madanm, nimewò mwen se 809 222 2121.

Tiffany: eske ou ka repete nimewò-a, silvouplè?

Lazard: asireman madanm, nimewò-a se 809 222 2121.

Tiffany: ok, m'ap rele w pita

Lazard: Dakò…

Creole words from dialogue one:

Eske – Question Word (Interrogative)

Pale – To speak

Kreyòl – Creole

Wi – Yes

Yon ti kras – A little

Poukisa – Why

Ka – Can / to be able to

Paske – Because

Manke – To miss

Pratike – To practice

Ansanm - Together

Avèk mwen – With me

Avè – w – With you

Telefon – Telephone

Dakò – Agreed

Nimewò mwen – My number

Repete – To repeat

Silvouplè – Please*

Asireman – Sure / of course

Pita – Later

*Silvouplè – please. You can also use Tanpri, only that this latter one conveys a meaning of begging or request in a deeper way than Silvouplè.

Dialogue Two

Jan: Bonjou mesyè, mwen se frè Jan, sè mwen rele m pou m   ede-w

Jeral: Bonjou frè Jan, mwen se Jeral, anchante...

Jan: anchante mesyè, eskize'm mesyè, ou se dominikèn ?

Jeral: wi, mwen se dominikèn.

Jan: kisa w ta renmen m fè pou w ?

Jeral: mwen rantre isit pou premyè fwa, m ta renmen vizite chandmas.

Jan: ok, annou prann yon randevou pita, apati de senk è.

Jeral: ok, dako frè Jan, a senkè.

Jan: dakò mesyè, m'ap la senk minit avan...

Jeral: dakò Jan, m'ap la.

Creole Words from dialogue two:
Jan – John
Ede – To help
Dominiken - Dominican

Ta renmen – Would like

Fè – Do - Make

Rantre – Enter – Get in

Premyè fwa – First time

Vizite – To visit

Chandmas*- Main park in Haiti

Annou pran – Let us take

Randevou – Appointment

Apati – From

Senk è – 5

Map-la – I will be there

Minit - Minute

Avan – Before

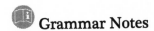 **Grammar Notes**

The verb and its conjugation – present tense.

The wonderful thing about the Creole language is that the verbs do not change, similarly to English. The verb stays in its infinite form in all tenses and subjects; to form the different grammar tenses, just a particle is added, what it is important is to emphasize than in Creole, all verbs are regular verbs, there are no irregular verbs.

Present Tense

Pale   -   *to speak*

Mwen pale – I speak
Ou pale – You speak
Li pale – He speaks / She speaks
Nou pale – We speak / You (plural) speak
Yo pale – They speak

You see how easy it is to conjugate and use the verbs in Creole, as we said before, it never changes, it is always in its infinitive form.

It is important to point out that the particle "ESKE" is used to make questions and it is placed at the beginning of the sentence.

The particle "PA" is used to make the negative form of any sentence; it is always used before the verb or after the noun or pronoun to create the negative form.

Example:

<u>Eske</u> ou pale kreyol?   Wi,   mwen   pale kreyol

Non, mwen <u>pa pale</u> kreyol

Interrogation

<u>Eske</u> ou pale kreyol? Do you speak Creole?

Affirmative

Wi, Mwen pale kreyol. I speak Creole.

Negative

Non, Mwen <u>pa pale</u> kreyol. I do not speak Creole.

The structure is all the same, you just need to change verbs and or pronouns. That is the beauty of the language.

List of Verbs

Achte	To buy
Aksepte	To accept
Ale	To go
Ansenye	To teach
Antre	To enter –Get in
Bay	To give
Blese	To wound
Bliye	To forget
Bwè	To drink
Bwose	To brush
Chante	To sing
Chifonnen	To wrinkle
Chita	To sit
Danse	To dance
Dekonpoze	To break down

Depanse	To spend
Desann	To descend
Diminye	To decrease
Dòmi	To sleep
Ekonomize	To economize /save
Ekri	To write
Eksite	To get excited
Endispoze	To faint
Etidye	To study
Fè	To do
Fè mal	To hurt (ache)
Fenmen	To close
Fimen	To smoke
Fini	To finish
Foule	To hurt oneself
Goute	To savor
Jwenn	To find
Kalme	To calm down
Kanpe	To stand
Kenbe	To grab/ hold
Kite	To let / allow
Komanse	To begin
Konprann	To comprehend, understand
Kouche	To recline / Lie
Kouri	To run
Kriye	To cry
Lave	To wash
Leve	To lift – Get up

Li	To read
Mache	To walk
Mande	To ask
Manje	To eat
Mete	To put/ introduce
Monte	To go up/ get on
Mouri	To die
Mouye	To wet
Ogmante	To increase
Ouvri	To open
Pase	To pass / to iron
Pati	To leave
Pèdi	To lose
Penyen	To comb
Rayi	To hate
Refize	To refuse/deny/reject
Rele	To call
Renmen	To love/ like
Repoze	To rest
Resevwa	To receive
Rete	To stay / Remain
Retire	To retire – take
outReveye	To wake up
Revini	To improve /Revive
Ri	To laugh
Rive	To arrive
Santi	To smell / Feel
Seche	To dry
Sonje	To remember

Sòti	To go out/get out
Tande	To listen
Touche	To touch
Vann	To sell
Vini	To come
We	To see
Wete	To remove

Practice Makes Perfect

1. Complete the blanks with the corresponding verb

a. Mwen _____ kreyòl

b. Yo vle _____ Jezi

Speak   *Accept*

c. Eske ou _____?

d. Li vle _____

     Hurt   *Die*

e. Yo pa _____ ansenye kreyòl

f. Nou pa ka _____ Pastè-a

     Want   *Forget*

2. Make the following sentences into questions

a. Mwen ka pale kreyòl

b. Li pa vle manje

c. Nou dwe ale

d. Ou bezwen lajan

e. Li konprann espanyol

3. Change the following sentences to the

negative or positive form, accordingly

a. Mwen pale espanyol trè byèn
b. Nou bezwen ale kounye-a
c. Ou pa ka konprann kreyòl
d. Li pa vle etidye espanyol
e. Yo ka li kreyòl

🏛 Culture and History

The Republic of Haiti or Haiti, is a country in the Caribbean, on the west side of the Hispaniola Island, it borders on the East with the Dominican Republic. Its total area is 27,750 km² (10,714 sq mi) and its capital is Port-au-Prince. Haiti is an old French colony, it was the second American country to declare its independence, in 1804, before the United States. Haiti is remembered in the annals of Human History for being the first case in which enslaved people abolished the slavery system in an autonomous and lasting way, setting a definite precedent for the end of slavery in the world.

On December 5th, 1942, Christopher Columbus arrived to the Hispaniola, part of what will be called the West Indies and the island became part of the Spanish empire. Before the arrival of the Spanish, the ethnic groups of Arawak, Caribbean and Taínos inhabited it; its population was estimated to be o 300,000 inhabitants.

In the unpopulated zones of the west area, buccaneers started settling, they were men who lived from beef and wild pig hunting, fur commerce and tobacco plantation; as well as the filibusters, both of French origin. They first occupied the Turtle Island and later, because of these populations France reclaimed the west part of the island. In 1967, with the Treaty of Ryswick, Spain ceded this part of the island to France, becoming the French Saint Domingue.

Towards the middle of the XVIII century, the colonial Haiti, occupied by France under a hard and cruel slavery system, had a population of 300,000 slaves and just 12,000 free people, white and mulattos mainly.

The long emancipation process was led by François Dominique Toussaint-Louverture, who between 1793 and 1802 led the Haitian revolution with sagacity; confronting the Spanish, the English and the French; until his capture, exile and death in France.

In 1803, Jean Jacques Dessalines defeats definitely the French troops, in the Battle of Vertierre and in 1804 declares the independence of Haiti, proclaiming himself Emperor. In 1822, the Haitian troops invaded the east part of the Hispaniola island

(Dominican Republic), which would recover its independence in 1844. The great political instability of the country was used as a pretext for the United States to invade it in 1915 and exercise absolute control through it until 1934.

In 1957, François Duvalier was chosen as President. He was known popularly as "Papa Doc". He had a dictatorship, and in 1964 he proclaimed himself as president for life. His son Jean-Claude Duvalier (Nené Doc) succeeded him in 1971. In January 1986 a popular insurrection forced him to exile and the army took control, through the formation of a Governing Council, headed by General Henri Namphy.

In January 1988 Leslie François Manigat became president, but Namphy, who was overthrown by Prosper Avril, deposed him in July of the same year. After a provisional presidency of Ertha Pascal Trouillot deposed by coup d'état, Jean-Bertrand Aristide became the elected president, since February 1991. He was also deposed, after a deep internal crisis in 2004, which included violent episodes that ended by the occupancy of Haiti by the "Blue Helmets" from the ONU. In 2006, René Préval was the elected president of the country.

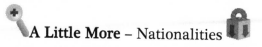

A Little More – Nationalities

Afriken	African
Alman	German
Ameriken	American
Arab	Arab
Ayisyen	Haitian
Chinwa	Chinese
Dominiken	Dominican
Ebrè	Hebrew
Espanyol	Spanish
Fransè	French
Grek	Greek
Italyèn	Italian
Japonè	Japanese
Potigè	Portuguese
Ris	Russian
Women	Roman

Bible Verse

Travay 4:12 Se li menm sèl ki ka bay delivrans paske Bondye pa bay non okenn lòt moun sou latè ki kapab delivre nou.

Nan Biwò – At the Office

In this unit you will learn

- How to communicate in the office
- How to say that something belongs to you
- The animals, the body parts

Dialogue One

Jan: Bonjou madanm, eske m ka we mesyè Jan?

Cheri: kimoun k'ap mande pou li?

Jan: Mwen se mekanisyen vwati li, e m mennen machin-nan pou li...

Cheri: Eskize'm, machin kimoun?

Jan: Machin mesyè Jan pol la.

Cheri: Ah-ah! mesyè Jan pol, ok Dakò. Eh! li okipe kounye-a.

Jan: sa-a se kle-a, eske ou ka bay l mesyè Jan pou mwen, silvouplè?

Cheri: avèk plezi...

Jan: mesi madanm, ou trè janti, bon

jounen.

Cheri: mesi mesyè, bon jounen...

Creole words from dialogue one:

We – See

Kimoun - Who*

Kiyes - We can also say Who

Kap mande – Is asking

Vwati – Car (it is the french word for car used in Creole)

Mekanisyen – Mechanic

Mennen – To take, bring, carry

Machin nan – Auto, machine – car - vehicle

Li okipe – He is busy

Kle-a – Key

Bay- To give

Plezi – Pleasure

Janti - Gentle

Bon jounen – Good day

*Kimoun – who. You can also say Kiyes.

Dialogue Two

Chef: Bonjou Alba:

Sekrete: Bonjou mesyè Jan, kòman ou yè?

Chef: mwen byèn, mesi. Eske ou gen kèk nouvèl pou mwen?

Sekrete: wi, mesyè. Mekanisyen– an te

kite kle-a pou w, men li ansanm avek resi-a.

Chef: ok, mesi... mwen pa disponib pandan karant senk mini.

Sekrete: dakò mesyè Jan, eskize'm, e si toutfwa se ta madanm ou?

Chef: eh-eh! m pa konnen...

Creole words from dialogue two:

Sekretè – Secretary

Chèf - Boss

Kèk – Some

Nouvèl - News

Te kite – I left

Men li – Here it is

Ansanm – Together

Resi – Receipt / invoice

Disponib -Available

Pandan – While

Karant senk - 45

Toutfwa – Always / every time*

Si se ta madanm w – if it was your wife

M pa konnen – I do not know

*Toutfwa – always / each time. Do not confuse this word with the word "toujou", which means for ever; while Toutfwa conveys a meaning of every time or each time, being finite, not eternal.

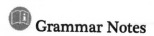 **Grammar Notes**

Possession: to express possession in Creole you just have to place the object possessed before its possessor using the personal pronouns.

Lakay mwen – my house
Madanm ou – your wife

Possessive Pronouns

These are placed after the object that is possessed or at the end of the sentence.

Pam – mine
Paw – yours
Pali (Pal) – his / hers / its
Panou – ours / yours
Payo – theirs

Examples:

Sa-a se lakay li – that is his house or her house
Lakay <u>pal</u> – his house or her house
Sa-a se machin mwen – that is my car (auto)
Machin <u>pam</u> – my car
Sa-a se liv li – that is his or her book

41

Liv <u>pal</u> – his or her book

Impersonal Pronoun

When you are not referring to a person, place or thing, then use the impersonal pronoun *LI*.

Li fè nwa	It is dark
Li fè bon tan	*It is nice weather*
Li fè fret	It is *cold*
La'p fè lapli	It is raining
Van an ap vante	*It is windy*
Syèl la ble	*The sky is blue*
Li fè fre	*It is cool*
Li fè cho	*It is hot*
L'ap fè nej	*It is snowing*
Tan an maske	*It is cloudy*
Tan an move	*It is bad weather*
Tan an kalm	*The weather is calm*
Tan an bèl	*It is a nice temperature*

Prepositions of Place

An / Nan	On, over
Anba	Under
Antravè	Through
Dèyè	Behind
Kote / Bò kote	Next

Pami	Through/In the middle
An dedan /Dedan	Inside
Anfas	In front
Devan	Ahead
Deyò	Outside
Lwen	Far
Pre	Close

Prepositions of manner, cause

Avèk / Ak	With
Men	But
San	Without
A-mwens-ke	Unless
Olye	Instead of
Pou	For
Anmwe/ Ed	Aid/ Help
Kisa	What
Trankil	Quiet
Kont	Against
Poutèt / Petèt	Maybe
Sof	Except
Komsi	So
Paske	Because
Alo	Then
Banm Zorèy mwen	be quiet
Lapè	Peace
Silans	Silence

Practice Makes Perfect

1. Translate the following phrases into Creole
    a. My car
    b. This is his house
    c. Her house
    d. That is my wife
    e. Josue's book
    f. My book
2. Translate the following phrases into English
    a. Syèl-la blè
    b. Li fè bon
    c. Li fè frèt
    d. Lap fè lapli
    e. Li fè nwa
    f. Li fè chò

Culture and History

This is a summary of the chronological Haitian history:

Before 1492: Native settlements, mainly of the Arawak, Caribbean and Taino cultures.

1492: Arrival of Christopher Columbus to the island.

1517: Authorization of the draft of slaves by

Charles I, from Spain; and introduction of African slaves in the American continent.

1697: Separation of the island between France and Spain under the Treaty of Ryswick.

1685: Black Code is enacted under Louis XIV.

1790: Colonial Assembly promoted by the white colonists.

1791: Slaves Revolt.

1793: Release of slaves from Saint - Domingue by commissioners Sonthonax and Polverel.

1794: General abolition of slavery by the Convention.

1801: A constitution was proclaimed under Toussaint Louverture.

1802: Friendship Pact with England. Leclerc expedition.

1804: Haiti Independence. Jean Jacques Dessalines, first ruler and emperor.

1806: Henri Christophe succeeds Jacques I as ruler and king (until his suicide in 1820).

1822: Haiti invades the East part of the Santo Domingo island.

1826: Recognition of independence by France, against an indemnification of 150 million

Francs in gold.

1844: Haiti loses control over the East part.

Dominican Republic Independence.

1847: Faustino I Soulouque takes the presidency and then the imperial throne until 1859.

1915-34: Military US occupation.

1957: Election of François Duvalier.

1971: Jean-Claude Duvalier succeeds his father on April 22nd.

1986: Jurisdiction and exile of Jean-Claude Duvalier (February 7, 1986)

1988: Leslie Manigat (February 7th, 1988 – June 20th, 1988). (Candidate to the presidential election in 2006).

1988: Henri Namphy (June 20th, 1988 – September 18th, 1988).

1988: Prosper Avril (September 18th, 1988 – March 10th, 1990)

1990: Ertha Pascal-Trouillot (March 18th, 1990 – February 7th, 1991).

1990: Election of Jean-Bertrand Aristide (victim of an army coup on September 30th, 1991. After three years in exile, she returns to the country on October 15th, 1994 to finish her term).

1996: Election of René Garcia Préval (February 7th, 1996 – February 7th, 2001).

2001: Election of Jean-Bertrand Aristide.

2004: Deposition and forced exile of Jean-Bertrand Aristide. Establishment of interim government.

2004: Boniface Alexandre (provisional president from February 29th of this year to May 14th, 2006).

2006: Election of René Préval.

Haiti is ruled by presidents, with a president elected popularly and a National Assembly. However, some are of the opinion that is managed by an authoritarian government in reality. The constitution was introduced in 1987 and it is based on the constitutions of the United States and France. After being suspended by several years, it was completely reinstated in 1994.

Aristide assumed power in 2001 in a second term, after winning elections that were questioned both internally and by the international community. The economic situation and corruption caused demonstrations and disturbances against Aristide on February 29th, 2004; and as the crisis is generalized, it ends with the resignation of the president Jean-Bertrand Aristide.

The presidential elections in Haiti in 2006, were done to substitute the interim government of president Boniface Alexandre and first minister Gerard Latortue, who obtained their positions after Jean-Bertraand

Aristide was overthrown in 2004. The elections were observed y organized by the ONU. The winner was René Préval pro-Aristide.

A Little More – The Animals

Bèf	Cow
Chwal	Horse
Kodenn	Turkey
Chamo	Camel
Kabrit	Goat
Chyen	Dog
Lyon	Lion
Koulèv	Snake
Sourit	Mouse
Lou	Bear
Kochon	Pork / Pig
Zèb	Zebra
Bourik	Donkey
Elefan	Elephant
Mouton	Sheep
Chat	Cat
Tig	Tiger
Rat	Rat
Poul	Chicken
Kana	Duck

Body Parts

Tèt	Head

Fwon	Forehead
Souci	Eye brows
Nen	Nose
Lèv	Lips
Jansiv	Gums
Figi	Face
Manton	Chin
Zepol	Shoulders
Bra	Arms
Dwèt	Fingers
Lestonmak	Stomach
Vant	Belly (waist)
Jenou	Knees
Talon Pye	Hee
Zòtey	Toes
Bwos dan	Toothbrush
Bwos cheve	Hair Brush
Cheve	Hair
Je	Eyes
Popye	Eye lids
Bouch	Mouth
Dan	Teeth
Lang	Tongue
Zorèy	Ear
Kou	Neck
Anbabra	Arm pits
Men	Hands
Zong	Finger nails
Pwatrin	Breast / chest

Kè	Heart
Jam	Legs
Pye	Feet
Zong pye	Toe nails
Pat	Toothpaste
Penyen	Comb
Savon	Soap
Sevyet	Towel
Zepeng cheve	Bobby pin
Krèm pou bab	Shaving cream
Odè / Pafen	Perfume
Fa	Lipstick
Chanpou	Shampoo
Sevyet men	Hand towel
Sechwa	Dryer
Razwa	Razor
Losyon	Cologne

Bible Verse

Ebrè 10:12

Men, Kris la pou tèt pa l' fè yon sèl ofrann san pou tout peche yo, yon ofrann san ki bon pou tout tan. Apre sa, li chita sou bò dwat Bondye.

5
Nan Lopital – At the Hospital

In this unit you will learn

- How to visit the doctor
- How to say when you are sick
- Speak in past tense and gerund

Dialogue One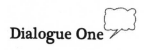

Alba: Bonswa mesyè, eske ou ka di m kòman m ka rive lopital jeneral?

Lazard: bonswa madanm, lopital jeneral la pa tèlman lwen; eske ou vle pran bis oubyèn a pyè?

Alba: m vle pran l a pyè...

Lazard: ok... ou dwe mache direkteman jiska ri lanteman, vire a goch nan premyè kafou, ou tounen a dwat, ou travesè premyè ri anfas, e lopital la sou men goch ou.

Alba: mesyè mwen regret sa, m pa fin konprann adrès la. Gen lè pito m pran yon bis. Ki bis kap mennen m dikekteman?

Lazard: trè byèn, sèlman pran yon bis ki pral potay leogan e mande chofè-a pou l depose w devan lopital   jeneral.

Alba: mèsi anpil mesyè pou pasyans ou, kenbe sa-a nan poch w.

Lazard: ok, mèsi e bon vwayaj…

Potay leogan – A central, high traffic bus station area in Haiti, where you can find transportation to any part of the country.

Creole words from dialogue one:

Bonswa – Good evening (This greeting is used always after 5 or six p.m.)

Rive – To arrive

Lopital jeneral – General Hospital

Tèlman – So much

Lwen – Far

Vle – To want

Bis –Bus

Oubyèn – Or

A pyè – On foot

M vle prann l a pyè – I will go by foot

Dwè - Should

Mache – To walk

Direkteman – Direct- directly

Jiska – Until

Ri – Street

Vire – To turn

Goch – Left

Premyè kafou – First traffic light

Tounen – Return / come back

Dwat – Straight / right

Travesè – To cross

Anfas – In front of

Sou men goch ou – To your left

M pa fin konprann – I cannot understand (*in Creole this is a common practice to shorten one verb "fin comes from fini" when another verb comes after this, but be careful, just some special verbs can do that*).

Adrès la – The address

Gen lè m pito pran – In that case I prefer to take

Sèlman - Only

Potay leogan* - A bus station in Haiti

Chofè-a- The driver

Depose – To deposit

Devan – In front

Pasyans ou – Your patience

Kenbe – To maintain / keep

Bon vwayaj – Have a good trip

Dialogue Two

Sekrete: Bonjou madanm, kisa w vle m fè pou w?

Madanm: mwen ta renmen konsilte doktè Jak.

Sekrete: konsiltasyon an se senk san goud, si w gen asirans se twasan goud.

Madanm: mwen pa gen asirans. Vwala madanm senksan goud.

Sekrete: w'ap we doktè-a aprè karant senk minit.

Madanm: se twòp tan madanm, m prese...

Sekrete: si ou prese, ale, wap tounen aprè trant minit.

Madanm: Ok, eske m ka ale avèk senk san goud mwen?

Sekrete: m pa kwe sa madanm, m gen tan fè kat pou ou.

Madanm: ok, m' espere, lè m tounen m jwenn doktè ap tann mwen...

Karant senk minit aprè...

Sekretè: antre madanm...

Madanm: Bonjou doktè, ou konnen m'pa santi m byèn, m' kwe m malad...

Dokte: kisa w santi madanm?

Madanm: tèt fè mal, lafyèv, grip e m pa ka domi...

Doktè: eske ou santi tèt vire, Eske w-ap touse?

Madanm: wi, m santi tout sentòm sa-yo.

Doktè: ah-ah! bon! ou reyelman malad madanm. Bwè anpil dlo, m-ap ba w kèk grenn aspirin...bwè anpil ji e tounen nan sèt jou...

Madanm: mèsi doktè pou konpreyansyon w, na we nan sèt jou.

Doktè: ok madanm, pwochen jedi si Dyè vle.

Creole words from dialogue two:

Konsilte – To consult

Doktè - Doctor

Konsiltasyon – Consultation

Senk san goud –500 goud

Asirans –Insurance

Twa san goud – 300 goud

Aprè –After

Twòp tan – Too much time

M prese – I am in a hurry

Ale – To go

Wa tounen – You will return (*this is a shorten version of w'ap, very common practice in the language*)

Trant mini – 30 minutes

Kat ou – Your card

Kwè – To believe

M' espere – I wait

Jwenn – To find

Tann – To wait

Antre – To enter

Konnen – To know

Malad - sick

Tèt fè mal – my head hurts

Maladi – Disease, illness

Goj fè mal – Sore throat

Vant fè mal – Stomachache

Bra m krase – I broke an arm (bra <u>m</u>... bra <u>mwen</u>, as stated before, Haitians tend to shorten every word when speaking)

Lafyèv – Fever

Grip –Flu

Dòmi – To sleep

Tèt vire – Dizziness

Touse – To cough

Tout – Everything

Sentòm – Symptom

Reyelman – Really

Bwè – To drink

Anpil – Too much

Dlo – Water

Grenn – Pill

Aspirin – Aspirin

Ji – Juice

Sèt jou – 7 days

Konpreyansyon – Comprehension

Jedi – Thursday

Si Dyè vle – Lord willing *

Pwòchen – Next

Mwen koupe tèt mwen – I cut myself

Mal dan – toothache

Malozye – pain in the eyes

Mwen blese tèt mwen – I hurt myself
Mwen gen yon rim – I have a cold

*Si Dyè vle – Lord willing. It can also be said Bondyè, instead of Dyè.

Grammar Notes

We have learned to use the verbs in present tense, we have realized how easy it is to work with the verbs in Creole; as we said before, the verbs never change. In this unit we will see the present progressive or gerund and the simple or perfect past.

Progressive Present – Gerund

This tense is known is English by the "ing" ending. In Creole, adding the particle "<u>AP</u>" to the pronoun or noun forms the "ing"; it is worth noting that with this tense, the contracted pronoun form is always used.

M <u>ap</u> – pale – I am speaking
W <u>ap</u> – pale – You are speaking
L <u>ap</u> – pale - He / she is speaking
N <u>ap</u> – pale – We are speaking / You are speaking
Y <u>ap</u> – pale – They are speaking

Example:

Eske w ap pale avèk mwen?

Wi, m ap pale avèk ou menm.

Non, mwen p-ap pale avèk w

Note the construction when a negative form is used... mwen p-ap pale avèk w, instead of having two aes (pa ap), it is simplified (p'ap or p ap).

Simple Past Tense or Perfect Past Tense 🔒

This tense is used adding the particle "TE" to the noun or pronoun...

Mwen te pale – I spoke or I have spoken

Ou te pale – You spoke or You have spoken

Li te pale – He spoke or He has spoken / She spoke or She has spoken

Nou te pale – We spoke or We have spoken / You spoke or You have spoken

Yo te pale – They spoke or They have spoken

Eske ou te pale avèk papa m ye swa ? - ¿Did you speak to my dad last night ?

Wi, m' te pale avèk papa-w ye swa. - Yes, I spoke to your dad last night.

Non, <u>m' pat pale</u> avèk papa-w ye swa.- No, I did not speak to your dad last night...

Note the construction of the negation ... <u>pat pale</u>, this is a contraction, since you can use both the contracted form or the normal way, which would be, <u>pa te pale</u>... usually the contraction is used more often.

Practice Makes Perfect

1. Fill in the blanks with the gerund
a. M' _____ avè-w
I am speaking
b. L' _____ dlo
I am drinking
c. N' _____ travay
We are searching
d. Y' _____ byèn
They are thinking
e. W' _____ mizik
You are studying
2. Fill out the blanks with the simple past tense or perfect past tense
a. Mwen _____ avèk ou ye swa
Spoke
b. Nou _____ travay
We have not changed

c. Eske ou _____ madanm mwen?

Have you seen

d. Ou_____ asepte sitirasyon sa-a

Has not wanted

e. Li _____ lakay mwen

Did not sleep

f. Eske ou _____ jedi swa lakay m?

Came

III Culture and History

Flag of Haiti

The flag of Haiti was adopted on February 25th, 1986, but its design goes back to the beginning of the XIX century. It is a flag made of two horizontal bands, of the same size, the top one is blue and the bottom one is red.

Initially the blue band was black. In the center, there is a white rectangle, and inside of it is the coat of arms. The civil flag does not have the coat of arms.

The coat of arms is made of a palm tree crowned with the Phrygian cap in the colors of the national flag. At the feet of the palm tree there is a drum and on each side of it, three rifles with bayonets, the same number of national flags and diverse armaments, with two prominent cannons one on each side.

A Little More –

The 7 Days Of The Week

Lendi	Monday
Madi	Tuesday
Mekredi	Wednesday
Jedi	Thursday
Vandredi	Friday
Samdi	Saturday
Dimanch	Sunday

The Colors

Nwa	Black
Blè	Blue
Wouj	Red
Mawon	Brown
Gri	Gray

Blan	White
Vè	Green
Woz	Pink
Jonn	Yellow

Bible verse

Efesyen 2:8
Se paske li renmen nou kifè li delivre nou, nou menm ki mete konfyans nou nan li. Sa pa soti nan nou menm menm, se yon kado Bondye ban nou.

Vwayaj Pou Ayiti – Trip to Haiti

In this unit you will learn

- How to plan a trip
- To look for useful information
- Use future and conditional tense in Creole

Monologue One

Mwen ta renmen ale an Ayiti lannen k'ap vini; men sa mande anpil planifikasyon pou m ale la... map imajine yon vwayaj manyifik...

Mwen dwe mete viza, konbyèn sa koute? Eske mwen dwe pran yon viza twa mwa, sis mwa ou viza douz mwa? Non, m pito yon viza douz mwa, konsa m ka vwayaje plizyè fwa an Ayiti pandan yon anè... mwen kwè li koute 200 dola ameriken. Eske m dwe pran avyon ou bis... avyon pi bon, men li koute chè, yo te di m li pran 35 mini pou l rive laba, sa-a se trè rapid... okontre bis-la pi bon mache, li koute 76 dola ameriken ale-retou... mwen pa sonje pri yo peyè nan dwann-nan... mwen dwe ale nan ambasad ayisyen an pou m mande enfomasyon.

Mwen pral fè resevasyon pou janvyè pwòchen; senmen pwòchen mwen dwe planifye agenda avèk pastè-yo...mwen pa sonje trè byèn sa ki te pase lane denye, paske m te planifye pou m ale an Ayiti, men mwen pat kapab ale... ah ! kounye-a m sonje...

Creole words from monologue one:
Ayiti – Haiti
Lannen – The year
Planifikasyon – Plan / planning
Imajine – To imagine
Vwayaj – Trip
Manyifik – Magnificent
Mete – To place / to enter / to put
Konbyèn – How much
Koute – To cost
Viza - Visa
Twa mwa – Three months
Sis mwa – Six months
Avyon – Plane
Pi bon – Better
Chè – Expensive
Sa- a se trè rapid – Fast
Okontre – The opposite
Bon machè – cheap *
Sonje – To remember
Pri – Price

Peyè – To Pay

Ale-retou – Round trip *

Dwann nan – Customs

Anbasad ayisyen – Haitian Embassy

Enfomasyon – Information

Resevasyon – Reservation

Janvyè – January

Senmen – Week

Planifyè – To plan

Agenda - Agenda

Konsa – So / like that/ that way

Plizyè – Several

Fwa – Time / Occasion

Yon anè – One year

Dola - Dollar

Ameriken – American

*Ale-retou – Round trip. This expression is frequently used in tourism and travel terms.

Monologue Two

Vwayaj pam se denmen, mwen konn abityè pale avèk kèk zanmi ayisyen sou Ayiti, finalman lè a rive… mwen pito fè malet depi jodi-a, paske machin-nan ap pati a 10è nan maten…

Nan estasyon bis-la

Atansyon, atansyon, pasaje pou Ayiti machin-nan gen pou sòti nan senk minit, tanpri pran machin nimewo twa...

Bis nimewò twa... ki kote li yè? Oh! Vwala...

Ajan: tikè, silvouplè. Mèsi, kite m ranje malet yo... men tikè pou malet-yo, ou kapab monte kounye-a... bon vwayaj...

Mwen gen mizik pou m tande pandan vwayaj la, mwen gen kamera pou foto. Bis la pran 7è de tan pou l rive. Mwen ansanm ak mobil mwen pou m ka kominike ak zanmi m yo pandan long vwayaj sa-a.

M'ap sipriyè Bondye pou l ka pwoteje nou pandan vwayaj sa-a...

Papa Bondyè ki nan syèl-la mwen ba-w remèsiman pou opotinite sa-a ke ou ban mwen, mwen mande w pou gide nou, pwoteje nou, e ke Sentespri w gide chofè-a. Ede nou rive an byèn, mwen lage lavi n nan men W. Senyè Jezi fe nou gras, se nan non w nou mande tout sa. AMEN...

Croele words from monologue two:
Denmen- Tomorrow

Konn abityè pale – I tend to talk / I use to talk

Zanmi - Friend
Sou Ayiti – About Haiti
Finalman – Finally
Lè-a – The time
Pito – To prefer
Malet – Suitcase
Depi – Since
Sòti – To go out/get out
Estasyon – Station
Fè lapèl – To call *
Prale – To go (future)*
Atansyon – Attention
Pasaje – Passenger
Tanpri – Please
Tikè - Ticket
Kite m – Allow me / let me
Aranje – To solve - organize
Monte – To go up / get on
Bis – bus
Bon vwayaj – Have a good trip
Mizik - Music
Tande – To listen
Kamera – Camera
Mobil mwen – My cell phone
Kominike – To communicate
Long – Long
Sipriyè – To pray / To implore
Gide – To guide
Syèl-la – Heaven

Remèsiman – Gratitude

Opotinite – Opportunity

Mande – To ask

Pwoteje – To protect

Sentespri-a – Holy Spirit*

Chofè – Driver

Lage – To Leave / place / deliver / put

Men – Hand

Senyè – Mister / Lord

Gras – Grace

*Fè lapèl – To call. The verb Fè has a wide use in Creole. Fè lapel means, literally, to make call, which would be the same that using the verb rele. Creole gives you the advantage that if you do not remember a verb, you can make it by using the verb Fè plus the action.

Example.

Fè manje – kwit.

Sentespri-a – Holy Spirit. It can also be said Lespri Sen.

Grammar Notes

As we have said before, to form different tenses in Creole we just have to add the corresponding particle to the tense you wish to express.

Future

This tense if formed by adding the particle "PRAL" to the noun or pronoun.

Mwen pral pale – I will speak
Ou pral pale – Your will speak
Li pral pale – He / She will speak
Nou pral pale – We will speak / You will speak
Yo pral pale – They will speak

Eske <u>ou pral pale</u> ak li denmen? Wi, mwen pral pale avè-l denmen.

Non, <u>mwen pa pral</u> pale avèk li denmen

Some people tend to say « pwal » instead and when speaking, you can use « **pwal** » for easier pronunciation.

Conditional

This tense if formed adding the particle "TA" to the pronoun or noun.

Mwen ta renmen – I would like
Ou ta renmen – You would like
Li ta renmen – He would like / She would like
Nou ta renmen – We would like / You

would like

Yo ta renmen – They would like

Eske <u>ou ta renmen</u> pale avè-m? Wi, m ta renmen pale avè w

Non, <u>mwen pa ta (pat) renmen</u> pale avè w.

Note the contracted form in negative <u>(pa ta or pat),</u> this is identical to the simple or compound past; it is best to use the complete form in the conditional tense to avoid confusion.

Conditional Sentences

To form this type of clause, the particle "TE" is used in the first part of the sentence, and the particle "TAP" on the second one.

Si mwen te konnen sa, mwen pa tap fè l. If I had known, I would not have done it

Si w te fè sa m te di, ou pa tap bezwen vini jodi-a If you would have done what I told you, you would not have to come today.

Mwen ta renmen   *I would like*

Mwen ta ka   *I could*

Habitual Actions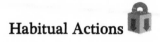

To express actions of habits or that we normally do, the particle "KONN ABITYE" is used.

M' konn abitye – I am used to
Ou konn abitye – You are used to
Li konn abitye – He is used to / She is used to
Nou konn abitye – We are used to / You are used to
Yo konn abitye – They are used to

Li konn abitye fè lapli chak prentan – It usually rains each Spring / It is
usual that it rains every Spring

Preference Actions

To express an action of choice or preference, we use the particle "PITO".

M' pito dlo ke kola – I prefer water to Coca Cola
Mwen ta renmen maje, men mwen pito bwe dlo   I would like to eat, but I rather drink water

71

Practice Makes Perfect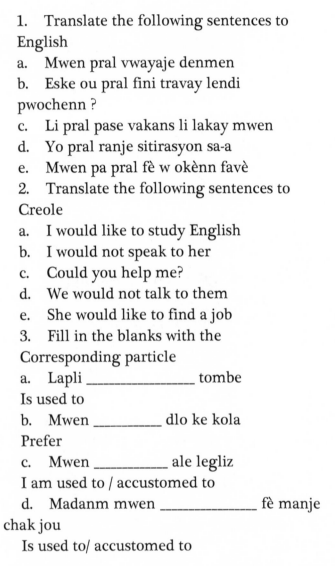

1. Translate the following sentences to English

a. Mwen pral vwayaje denmen

b. Eske ou pral fini travay lendi pwochenn ?

c. Li pral pase vakans li lakay mwen

d. Yo pral ranje sitirasyon sa-a

e. Mwen pa pral fè w okènn favè

2. Translate the following sentences to Creole

a. I would like to study English

b. I would not speak to her

c. Could you help me?

d. We would not talk to them

e. She would like to find a job

3. Fill in the blanks with the Corresponding particle

a. Lapli _____ tombe
Is used to

b. Mwen _____ dlo ke kola
Prefer

c. Mwen _____ ale legliz
I am used to / accustomed to

d. Madanm mwen _____ fè manje chak jou
Is used to/ accustomed to

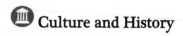 Culture and History

Haiti Geography

Haiti covers the third part of the island The Hispaniola, to the west of Dominican Republic and between the Caribbean Sea and the North Atlantic Ocean. The geographic coordinates of Haiti are 72° 25′ West longitude and 19° 00′ North latitude. The total area is 27,750 km², of which 27,560 km² is land and 190 km² is water. Haiti has 1,771 km of beach and 360 km of border with the Dominican Republic.

The lowest point in Haiti is at sea level. Its highest point is the Chaine de la Selle at 2,680 m. There are no navigable rivers. The largest lake is the Etang Saumâtre, a large mass of salt water located in the South region, It occupies the west part of the Hispaniola island, in the Caribbean or Sea of the Antilles, which it shares with the Dominican Republic. It is distinguished by two Peninsulas (the one of Saint-Bicholas, to the north, and the Tiburon one, to the South) they form the Gonaïves gulf. Among other islands that belong to Haiti, we find that there are the Gonaïves and Turtle one. Mountains, strongly eroded by deforestation, cover most of the ground. Between those mountains there are four important plains. The subsoil produces bauxite.

Weather

The weather in Haiti is tropical. The rainiest season goes from April to June and from October to November and frequently, the country is victim of tropical storms and cyclones.

On September 18th, 2004, hurricane Jeanne reached Haiti. A week later, the approximate results were more than 1160 deaths and some 1250 missing people.

The effects of this storm worsened the already difficult life conditions of the country, since it left 170,000 without food or water.

The weather is tropical on the coast and cold in the mountains. The heat decreases thanks to the sea breezes.

A Little More–

The Twelve Months of the Year

Janvye	January
Fevriye	February
Mas	March
Avril	April
Me	May
Jen	June

Jiyè	July
D'aout	August
Septanm	September
Oktob	October
Novanm	November
Desanm	December

The Four Seasons of the Year

Prentan	Spring
Etè	Summer
Otòn	Autumn
Ivè	Winter

Weather Expressions

Douvanjou	Dawn
Maten	Morning
Aswè	Evening
Minwi	Midnight
Lannwit	Night
Aswè a	Tonight
Denmen	Tomorrow
Apredenmen	Day after tomorrow
Avan	Before
Apre	After
Prezan	Present
Bonè	Early
Pi bonè	Earlier
Nan maten	In the morning

Senmen pase-a	Last week
Lanjelis	Twilight
Apremidi	Afternoon
Midi	Noon
La jounen	Day
Jodia	Today
Yè	Yesterday
Avan-yè	Day before yesterday
Maten an	This morning
Kounye- a	Now
Pase	Past
Fiti	Future
Ta	Late
Pi ta	Later
Nan aswè	At night
Senmèn pwochen	Next week

Bible verse

Matyè 3:2
Li t'ap di: Tounen vin jwenn Bondye. Paske, Bondye ki wa nan syèl la ap vin pran pouvwa a nan men l'.

Nan Otèl La – At The Hotel

In this unit you will learn

- How to make a reservation
- Preparations for a vacation
- Know the numbers, articles

Dialogue One

Ring… ring… ring … ring…

Resepsyonis: otèl ayisyen, bonjou, kijan m ka ede-w?

Kliyan: bonjou, se nan otel ayisyen map pale?

Resepsyonis: wi, mesyè, se li menm… kijan m Ka ede-w?

Kliyan: mwen ta renmen fe yon resevasyon pou de moun.

Resepsyonis: absoliman, ki dat ou ta renmen fè li?

Kliyan: de jou nan avril-la…

Resepsyonis: silvouple kilè?

Kliyan: madi 5 jiska jedi 7 avril…mwen ta renmen rezève yon chanm pou yon koup

Resepsyonis: yon moman silvouple...kite m gade systèm-nan...

Kliyan: dakò, mèsi anpil

Resepsyonis: mèsi mesyè pou pasyans ou, nou gen disponibilite pou dat sa-a. Pri-a se 75 dola ameriken pou chak moun pou de nwit...eske ou ta renmen m fè resèvasyon kounye-a ?

Kliyan: wi, madmwazel, eske otèl-la asepte kat de kredit?

Resepsyonis: wi,   mesyè,   ban   mwen enfòmasyon yo ...

Kliyan: non pam se Yeral Ogando e madanm mwen se Alba Iris...

Resepsyonis: mèsi mesyè, eskize'm, men kijan ou eple "Yeral"?

Kliyan: Y-E-R-A-L

Resepsyonis: mèsi anpil, resevasyon dejà fèt...chanm nan ap prè apre 3è e lè sòti-a se midi...

Kliyan: mèsi anpil, ou trè janti. N'a we nan mwa avril-la.

Resepsyonis: n'a we mesyè e mèsi paske w chwazi nou pou ou pase vakans ou...

Kliyan: se te yon plezi... bòn jounen

Resepsyonis: bon jounen mesyè Yeral...

Creole words from dialogue one:
Avril – April

Kilè - When

Chanm doub – Double Room

Yon moman silvouple – One moment please

Gade – To check

Sistèm – System

Disponibilite – Availability

Reseve – To reserve

Asepte – To accept

Kat de kredit – Credit card

Non – Name

Eple – To Spell

Resevasyon – Reservation

Dejà - Already

Apremidi - Afternoon

Check-in – Entry or check-in*

Check-out – Exit or check-out*

Midi – Noon

Chwazi – To choose / To pick

Vakans – Vacation

*Check-in and Check-out are worldwide used terms at hotels to indicate the entrance and exit.

Dialogue Two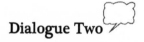

Kliyan: bonjou madanm, mwen te fè yon resevasyon pou yon chanm doub, men nimewo konfimasyon, eske m ka we chanm-nan, silvouple?

Ajan: wi, ou kapab

Kliyan: mwen regret sa-a madanm, men chanm-nan twò lwen…mwen ta renmen yon chanm ki bay sou lanmè. Eske gen yon disponib?

Ajan: fok mwen cheke mesyè, men nou gen yon tren ki mennen w nan pisin oubyen nan plaj-la tou, li pase chak 15 mini, li gratis e lap travay 24 sou 24…

Kliyan: mwen pito gen yonn avèk bon isaj

Ajan: mwen ka jwenn yonn pou-w, men check-in nan se a 3è…

Kliyan: kilè-l ye la?

Ajan: li midi edmi…men plan otèl-la, ou met ale manje e w a tounen a 3è…

Kliyan: dakò, mèsi anpil. N'a we pita..

A twazè…

Kliyan: bonjou mesyè, mwen vin chache kle chanm mwen an…

Ajan: ou se mesyè Yeral, pa vrè ?

Kliyan: Wi, men paspò-a…

Creole words from dialogue two:
Regret – To regret

Twòp – Too much*
Lanmè - Sea
Disponib - Available
Fòk - Must
Trenn – Train
Pisin - Pool
Plaj - Beach
Chak - Each
Travay – Work / To work
Gratis - Free
Bel isaj – Good view
Jwenn – To find
Kilè li ye – What time is it
Plan - Map
Met ale – May go
Kle – Key
Se vrè – It is true
Paspò - Passport

*Twòp – Too much. Sometimes you will hear this word without the P at the end (twò) and that is also accepted.

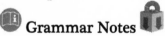 **Grammar Notes**

Se: To be. Generally this verb is implied only and it is not used except in the following situations:

Mwen fatige	I am tired.
Yo nan mache	They are in the market

Note: to make questions, or interrogations, **ye** is placed at the end.

Ki kote yo ye?	Where are they?
Kote w ye?	Where are you?

Present Tense with the Verb "Se"

Li se fre mwen	He is my brother
Li se sè mwen	She is my sister

Eske ou se zanmi mwen?   Are you my friend?

Wi, mwen se zanmi ou   Yes, I am your friend

No, mwen pa zanmi ou, mwen se lenmi ou   No, I am not your friend, I am your enemy.

Eske granpapa m tris?   Is my grandfather sad?

Non, granpapa m pa tris   No, my grandfather is not sad

Li kontan.   He is happy

This verb is only used in the present tense, never in any other tense, for any other tense you just use the appropriate particle.

Eske ou te la yè swa?   Were you there yesterday night?

Wi, mwen te la yè swa   Yes, I was
there yesterday night
Non, mwen pa te (pat) la yè swa   No, I
was not thereyesterday night

We use the verb SE if:

1. **The predicate as a noun**

Jan se yon jadinye	John is a Gardener
Mwen se yon pwofesè	I am a teacher
Yo se doktè	They are doctors

2. **When the subject is sa (This, that)**

Sa se bon	That is good.
Sa se pa bon	That is not good
Sa se move	That is bad
Sa se byen	That is good

3. **Emphatic statements with ye – are placed at the end of the sentence to give it emphasis.**

Se ayisyen mwen ye	It is Haitian that I am
Se dominiken nou ye	It is Dominicans that we are

4. **Sentences without a name for the**

83

subject.

Se yon machin	It is a car.
Se yon radyo	It is a radio
Se yon matla	It is a mattress
Se yon televisyon	It is a TV

Articles

LA is added when it ends in any consonant, except for the words that end with an n or m.

Lèt	Letter
yon lèt	A letter
Lèt la	The letter
lèt yo	The letters

After words that end with n, m, nm, nn, gn, ng, instead of la, NAN is added to them

Chanm	Room / bedroom
Yon chanm	A room / a bedroom
Chanm nan	The room / the bedroom
Chanm yo	The rooms / the bedrooms
Chyen	Dog
Yon chyen	A dog
Chyen an	The dog
Chyen yo	The dogs

If the words end in a vowel, we add A after

them

Ri	Street
Yon ri	A street
Ri <u>a</u>	The street
Ri <u>yo</u>	The streets

To the words that end in a nasal vowel, we add AN

Maten	Morning
Maten <u>an</u>	The morning

As you will have noticed, the plural of the articles, or the words is YO.

Likewise you must have noticed that the indefinite article is Yon. The plural for it is kèk.

Yon chyen	A dog
Kèk chyen	Some dogs
Yon moun	A man
Kèk moun	Some men

Noun

Nouns do not have a gender in Creole, unlike in English.

Bèf	Cow
Poul	Chicken

Their plural is with Yo, as we have indicated previously.

Bèf yo	The cows
Poul yo	The chickens

Cardinal Numbers

1. En / Yon
2. De
3. Twa
4. Kat
5. Senk
6. Sis
7. S*èt*
8. *Wit*
9. *Nèf*
10. *Dis*
11. *Onz*
12. *Douz*
13. *Trèz*
14. *Katoz*
15. *Kenz*
16. *Sèz*
17. *Disèt*
18. *Dizwit*
19. *Diznèf*
20. Ven

21. Ventenyen
22. Vende
23. Ventwa
24. Venkat
25. Vensenk
26. Vensis
27. Vens*èt*
28. Ventwit
29. Ventn*èf*
30. Trant
40. Karant
50. Senkant
60. Swasant
70. Swasandis
80. Katreven
90. Katrevendis
100.　　San
1000.　　Mil

Ordinal Numbers
Premye
Dezy*èm*
Twazyèm
Katryèm
Senkyèm
Sizyèm
Setyèm
Wityèm
Nevyèm

Dizyèm
Denyè

Practice Makes Perfect

1. Translate the following sentences to English
   a. Eske ou se zanmi mwen?
   b. Jan se yon jadinye
   c. Mwen se yon pwòfese
   d. Se dominiken mwen ye
2. Place the corresponding article to each word according to its ending
   a. Let _____
   b. Liv _____
   c. Chanm _____
   d. Kaye _____
   e. Ri _____
   f. Fey_____
   g. Chyen _____
3. Add the plural to the following words
   a. Poul ____
   b. Vèb ____
   c. Kochon ____
   d. Pòt ____
   e. Bèf _____
   f. Tab ____

🏛 Culture and History

Economy

Haiti has the lowest per capita income in all of the Western Hemisphere, in other words, it can be considered the poorest country in the American Continent. The social and economic indicators have placed Haiti in the decreasing ranks behind other developing countries of low income (particularly in the hemisphere) since de 1980's. Haiti is in the 150 position out the 177 countries in the Human Development Index from the ONU.

Approximately 70% of the population lives in poverty. Close to 70% of Haitians depend on agriculture, which mainly consists of subsistence agriculture in small scale and employs near to two thirds of the population who is active economically. The country has had few new jobs since President René Préval took his position in February 2006, even though the informal economy is growing. The failed attempts to reach agreements with international patrons have kept Haiti from obtaining help for funds and development programs.

Three fourths of the Haitian territory is made of hills, and the prairies are made by deforested, and actually sterile, land. The main cause of the land impoverishment is the excessive forest exploitation by a population that has an ever-increasing demand of firewood and wood, which has provoked the erosion of the soil and a great lack of drinking water. This situation is a great contrast with the one of the neighboring Dominican Republic, with similar climate and conditions, it had an adequate forest policy and it actually has sustainable agriculture covering.

An extra factor that could keep the economy from improving is the lack of support by professionals, as it is believed that 80% of Haitians with high educational levels have emigrated searching for other alternatives, which promotes the lack of brains. It is also important to point out the strong illegal immigration to the Dominican Republic through the border. Even though its informal characters does not allow for an exact calculation, it is estimated that the Haitian immigrant population in the neighboring country is more than one million people.

The most important ports for the commercial exchange are: Port-au-Prince, Gonaïves and Cap Haitien. The private Port of Gonaïves is particularly adequate for ships of up to 6 m. of draft.

Haiti receives annual cooperation and humanitarian help from developed countries both in America as other parts of the world. It is important to mention the United States (through the USAID program), Canada, Argentina, Brazil, Chile, United Kingdom and Colombia.

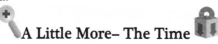

A Little More– The Time

Ki lè li ye?	What time is it ?
Li inè	It is one
Li de zè	It is 2:00
Li de zè ven	It is 2:20
Li midi	It is noon
Li minwi	It is midnight
Li twa zè mwen ven	It is three minus twenty (2:40)
Li senk è edmi	It is 5:30
A size mwen te kontan	At six I was happy
A dizè mwen te tris	At ten I was sad

Common Descriptions

Bon	Good
Kontan	Happy
Entelijan	Intelligent
Travayè	Hardworking
Jenn	Young
Bèl	Pretty

91

Rekonesan	Thankful
Rich	Rich
Piti	Small
Kout	Short
Mèg	Skinny
Move	Bad
Tris	Sad
Sòt	Stupid
Parese	Bum / lazy
Granmoun	Adult
Lèd	Ugly
Engra	Ungrateful
Pòv	Poor
Gwo	Big
Long	Long
Gra	Fat

Bible verse

1 Tesalonisyen 5:16-17

Se pou kè nou toujou kontan.
Pa janm sispann lapriyè.

Nan Restoran – At the Restaurant

In this unit you will learn

- How to eat out
- How to celebrate an anniversary
- Using the comparative, imperative and interrogative forms

Dialogue One

Ti-monolog:
Mwen ta renmen ale soupe nan yon restoran jodi-a avèk madanm mwen. Mwen dwe chwazi yon bel restoran pou m fè-l plezi pou anivese li... restoran « la fuerza » pi bel pase restoran "Fantasia", men restoran "potencia" tankou restoran "La Fuerza"...

ring ... ring... ring... ring..
Kliyan: eske se restoran "potencia"?
Gason: wi, mesyè. Kijan m ka ede-w?
Kliyan: mwen ta renmen rezève yon tab pou de moun...
Gason: dakò, a kilè w vle-l, mesyè?

Kliyan: a 8e silvouple… se yon okasyon espesyal, rezève osi yon boutey diven ak yon gato…

Gason: dakò mesyè. Eske ou ta renmen nou chante bon anivese?

Kliyan: men, wi, wi… mèsi anpil…

Mari: Cheri, nou pral sòti aswe-a, mwen gen yon aktivite espesyal e mwen ta renmen ou avè-m

Madanm: dakò… kisa pou m mete? kijan de aktivite sa-a ye?

Mari: se yon aktivite fomel…ann ale madanm, mwen fek rele yon taxi…

Kèk minit aprè nan restoran…

Gason: byenvini nan restoran "potencia". Eske n gen yon resèvasyon?

Kliyan : wi, mwen se mesyè Yeral…

Gason: mèsi mesyè… swiv mwen, eske nou ta renmen bwe kèk bagay…

Kliyan: pote yon boutey diven silvouple, pi bon diven lakay

Madanm: si m te konnen sa, mwen tap abiye depi maten….

Mari: bon anivese cheri…

Madanm: mèsi paske w pat bliye-m, se enkwayab, mwen pa gen mo…

Creole words from dialogue one:
Soupe – To have dinner
Restoran - Restaurant
Chwazi – To choose
Plezi – Pleasure (please someone)
Anivesè* - Anniversary / birthday
Pi bel pase – Prettier (more beautiful) than
Tankou - As
Tab - Table
A kilè – What time (at what time)
Oksayon – Occasion
Espesyal - Special
Osi* - Also
Boutey diven – Bottle of wine
Gato – Gift / cake
Chante - To sing
Bon anivese – Happy anniversary
/ Happy Birthday
Aswe-a – Tonight
Aktivite – Activity
Fomal - Formal
An-n ale – Let's go
Fèk - Recent
Byenvini – Welcome
Swiv mwen – Follow me
Meni - Menu
Kèk bagay – Some things / something
Pi bon diven – the best wine

Abiye – To dress

Depi - Since

Cheri – Dear

Enkwayab – Incredible

*Anivesè – anniversary or birthday. In Creole this word is used both for an anniversary as well as a birthday.

Osi – also. You could say Tou to indicate the same action of Also.

Dialogue Two

Ajan: Bonjou mesyè danm…

Kliyan: bonjou… ki kote depatman soulye-a ye, silvouple?

Ajan: li nan dezyèm etaj

Kliyan: mèsi, jenn nom

Ajan: eske nap chache soulye gason ou soulye fanm?

Kliyan: ni youn ni lot, nap chache soulye pou timoun?

Ajan: ki laj timoun yo ye?

Kliyan: yon gen 9 an e lòt-la 7 an.

Ajan: yon gason ak yon fi…?

Kliyan: non, de ti fi

Ajan: ki nimewo soulye yo ye, silvouple?

Kliyan: nimewo kat ak sèt...

Ajan: dakò, mèsi. Ki kalite soulye nap chache?

Kliyan: soulye pou lekòl

Ajan: mesi, men... soulye yo... yo bèl, se vrè! Kilès nou renmen plis, sila-a oubyen sa laba-a?

Kliyan: sa laba-a...

Creole words from dialogue two:

Depatman – Department

Soulye – Shoe / shoes

Dezyèm – Second

De pè – Two pairs

Ki laj – How old *

Ni yon ni lòt – Neither one nor the other

Lòt – Other

De fi-yo – Two girls

Lekòl – School

Kilès – Which

Sila-a – This/ this one

Sa laba-a – That / that one

*Ki laj – how old. You can also ask Konbyen danè ou genyen? Which literally means "How many years do you have?" ("How old are you?")

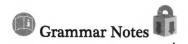

Grammar Notes

Comparisons

The comparative is made using the particles "PI...PASE..."

Li gran	He is big
Li gran anpil	He is very big
Li pi gran	He is bigger
Li trè gran	He is very big

Pi...Pase	More...Than
Pi...Pase	Less...Than
Tankou	As...As
Pa...Tankou	Not as... As

Examples:

Li pi vye pase frè li   He is older than his brother or He is less young than his brother.

Li pi lèd pase sè li.   She is less beautiful than her sister or She is uglier than her sister.

Li brav tankou yon lyon   She is as brave as a lion.

Adjectives

These do not require any verb.

Malad	Sick
Mwen malad	I am sick
Nou malad	We are sick

Adverbs

To form the ending that we know as "ly" we will use the particle "MAN"

Konplèt	Complete (all)
konplètman	Completely

To form the voice "There is / There are" in Creole, the verb Genyen or Gen is used.

Gen dlo nan canari-a.   There   is
water in the jar

Gen mango nan panye-a.   There   are
mangos in the basket

Imperative

The imperative is formed using the verb when speaking directly to the person or using the particle "ANNOU or ANN".

Pale	Talk
Annou (ann) pale	Let's talk / Talk
Kite m pale	Let me talk, Allow me to

speak
Recently completed action

Fek   Just now. It is used to indicate that an action has been done a few minutes ago.

Mwen fek sòt manje   I just ate, I ate just now.

Mwen tap chache W. Men m Fek rive. I was looking for you, yes, I just arrived

Progressive Past

This tense is formed adding the particle "TAP" to the noun or pronoun.

Mwen	tap	Pale	I was talking
Ou	tap	Pale	You were talking
Li	tap	Pale	He/She was talking
Nou	tap	Pale	We were talking /

You (plural) were talking

Lè-l te rive mwen tap pale avèk fre-l   When she came, I was talking to her brother

Demonstrative Pronouns

Sa a	That, That one Or This, this one
Sa yo	Those Or These

In case you want to make a difference between This, This one, and Those, it will be used as follows:

Sila a	This
Sila yo	These

If we want to speak of something that is away from us, then we should use:

Sa laba a there	That Or That, That one
Sa laba yo Those ones there	Those Or Those, Or,
Yon chyen	A dog
Chyen an	The dog
Chyen sa a	That dog, this dog
Chyen sila a	This dog (not that one)
Chyen laba a	That dog over there
Chyen yo	The dogs
Chyen sa yo	Those (these) dogs
Chyen sila yo ones)	These dogs (not those
Chyen laba yo	Those dogs over there
M wè chyen sa a	I see that (this) dog
M wè sa a.	I see it (that one)

Practice Makes Perfect

1. Translate the following paragraph into Creole

Today we had a bad day at work, because the electric generator broke down. When I told my boss about the problem with the generator, he spoke harshly to me, but it was not my fault...

I do not understand why people do not know how to behave appropriately in difficult situations. I always behave appropriately, for example; last month I was in charge at work. It was a hard day with a lot of work and because my boss was not there, I was the boss at that time. Well, the electric generator broke down, and the technician was in his lunch hour. I had the responsibility of resolving the situation, so I did what a boss had to do in that situation: "I went home..."

🏛 Culture and History

Demography

To the year 2007 Haiti had a population of 8,706,497 inhabitants. 95% of Haitians are mainly of African ascend and the remaining 5% is made up by white and mestizos. The language is French. The life expectation is 57 years. The average children per woman is 4.86 (the highest average is the American

Continent). The population growth rate is 2.45% per year. Only 52.9% of the population can read. Even though Haiti has an average of 270 people per square kilometer, its population is concentrated mainly in the urban zones, beach plains and valleys.

French is one of the official languages, but only a portion of the population speaks it. Almost all Haitians speak Creole (Haitian Creole), the other official language of the country. English is spoken among the youth and the commercial sector. Spanish is spoken mainly in the border zones with the Dominican Republic.

Catholicism is the main religion professed by they majority. Many have converted to Protestantism. And many Haitians also practice voodoo traditions, without conflict with their Christian faith.

Culture

The main religion is Catholic, which constitutes 60% of the Haitian population. There is also a group of Protestants that make the most important religious minority of the country. Other minorities are made by the animists. The ones who practice voodoo are include in a percentage of the previously mentioned religions. There are some faithful followers of voodoo that have it as their only belief.

Education is free and mandatory for children from 6 to 12 years; however, the country lacks the appropriate facilities and there are many children who do not attend school.

For music manifestations we can mention the Rara and Kompa, this last one is sometimes wrongly called Haitian Merengue. These music forms are usually sung in Creole. The gaga is usually played regularly in the Holy Week celebrations in the Haitian settlements, in the squares of the cane fields of the neighboring Dominican Republic.

The culture is very rich in traditions, and many of the customs, since Haitians are descendants of African slaves brought from Africa, are still kept. It is common to see on the street women carrying all sorts of elements of their heads as you would see in Africa. Their artisans are very good in blacksmith and wood works, from small ones to furniture made completely by hand.

Sports

The Haitian League is the First Haitian Division lead by the Haitian Football (Soccer) Federation; this one was created in 1937.

The football (soccer) National Team of Haiti is the national representative of the country. It is controlled by the Haitian Football Federation, which belongs to the CONCACAF.

The Haiti National Team has been one of the few representations of the Caribbean Islands in the Football World Cup, along with Cuba, Jamaica and recently Trinidad and Tobago. Haiti is probably the only Caribbean country where the main sport is football (soccer).

A Little More

Interrogative Forms - Question words

Kimoun / Kiyès	Who
Kilè	When
Kijan	How
Poukisa	Why
Kikote	Where
Kisa	What
Kilès	Which
Konbyen	How much

Kimoun (kiyès)

Kimoun ki la (kiyès ki la)?	Who is there?
Se Yeral	It is Yeral
Kiyès ki te di ou sa?	Who told you that?

105

Se Alba ki te di m sa   It was Alba who told me

Kilè

Kilè ou te wè Tiffany?   When did you see Tiffany?

Mwen te wè l yè maten   I saw her yesterday morning

Kijan (Kouman)

Kijan ou yè?   How are you?

Mwen byen mèsi   I am good, thank you

Poukisa

Poukisa ou pati jodia?   Why are you leaving today?

Mwen pati jodia paske mwen gen anpil travay   I am leaving because I have a lot of work today

Note: Paske is only used to answer a question

Ki kote

Ki kote ke ou abite?   Where do you live?

Mwen abite Pari   I live in Paris

Kisa

Kisa ou vle?   What do you want?

Mwen pa vle anyen   I do not want anything

Kilès

Kilès nan liv sa yo ki pi chè?   Which book is more expensive?

Se liv sa a ki pi chè   This one is more expensive

Konbyen

Konbyen lajan (kob) sa-a koute?   How much does this cost?

Sa-a koute 10 goud   That costs 10 Goud

Bible verse

Travay 1:11

Dezòm yo di yo: Nou menm, moun Galile, poukisa nou rete la ap gade syèl la konsa? Jezi sa a ki fèk sot nan mitan nou an pou moute nan syèl la, li gen pou l' tounen menm jan nou wè l' moute nan syèl la.

Twa Komantè Yo – Three Comments

In this unit you will learn

- A little about an area in Haiti
- The school system in Haiti
- How to spend New Years

Nan leson sa-a ou pral jwenn twa konvesasyon ak vokabile pou w konprann konvesasyon sa yo.

Zòn Fò Jak –Fò Jack Zone

Fò Jak se yon seksyon ki nan komen petyon vil. Nou ka di selon sa ki ekri ke zòn sa a pote non youn nan gran zanzèt nou yo, ki te goumen pou bay peyi a libète pou l te retire l nan lesklavaj blan fransè. Nan zòn sa a li fè fre anpil, se yon nan zòn ki bay anpil legim nan peyi-a. Nan Fò Jak nou genyen de lyè istorik ke ansyen yo te mouri kite pou nou; non yo se "Fò Aleksand e Fò Jak"

Nan Fò Jak pa gen anpil moun, tout moun ki nan zòn nan se pitit tè-a yo ye. Se youn nan zòn kote moun yo sivilize anpil. Tout timoun ale lekòl paske paran yo fè anpil efò ak pitit yo. Nan Fò Jak nou pa gen anpil lopital, nou genyen sèlman 2 ak yon dispansè pou bay moun yo premyè swen. Nou gen plizyè lekòl ak anpil lòt ankò.

Nan Fò Jak nou genyen 2 jou nan senmen nan pou moun yo nan mache, se madi ak vandredi, fòk nou pa bliye nan Fò Jak moun yo travay latè anpil, anpil nan lòt moun yo genyen ki fè travay konstriksyon, depi lendi pou rive jouk samdi vè midi. Depi samdi apre midi moun yo komanse rejwi, youn ak lòt, tankou anpil ladan yo ale nan sinema, genyen ki ale nan gagè (kote yo bat kòk), genyen ki ale sou plas kote yo ka rakontre ak ti menaj yo. Nou ka di nan zòn sa a moun yo ini oubyen yo gen tèt ansanm pou yo ka fè pwòp devlopman nan zòn nan.

Fleurissaint Michelet

Creole words from comment one:

Zanzèt – Ancestors

Legim – Vegetables

Lye Istorik – Historic place

Paran – Parents

Efò – Effort

Dispansè – Pharmacist, Pharmacy

Gagè – Cockpit

Lekòl Ayisyen – The Haitian School

Ayiti menm jan ak tout lòt peyi devlope oubyen sou devlope, itilize lekòl kòm sèl sous ki garanti yon bon fiti pou chak jenn ayisyen ki gen lonbrik yo koupe sou ti moso lil sa-a. Nan tan lontan lekòl-la te divize an de pati, primè ak sekondè. Nan primè pitit ti ayisyen dwe fè 9 anè e nan sekondè 7 anè ki fè yon total 16 anè; avèk modènizasyon tan, Ayiti kenbe menm systèm nan sou yon lòt fòm 3 anè kindergarden, 6 anè primè e 7 anè sekondè. Sa ki toujou parèt difisil pou pèp sa-a, se twa klas.

Sètifika etid prime e bakaloreya etid sekondè, si timoun nan pa etidye anpil li p'ap pase e yo ka kenbe l pou plizyè anè nan yon sèl klas (sètifika oubyen bakaloreya), gen elèv ki konn pase plis ke 7 anè nan bakaloreya, se pou sa yo toujou di ke edikasyon ayisyen an di anpil. Anplis lè yo reysi bay kèk elèv chans yo, elèv sa-yo apre resilta dwe rapidman rantre nan yon lòt klas ki rele ratrapaj pou l ka al patisipe nan konkou admisyon nan fakiltè leta-yo. Men yo dwe peye 500 goud pou enskripyon e fakiltè sa-a k'ap kenbe 7 mil elèv anviron, men yon enskri 15 mil e si w gen yon zanmi ou k'ap rantre san pwoblèm. Se sak fè edikasyon an Ayiti se trè difisil e ki fòme moun byen e-l fè etidyan yo ogèye anpil.

Donk, jodi-a 50% etidyan ayisyen ap etidye nan peyi etranje pou pote chanjman nan system edikasyon sa-a k'ap fini ak tout ayisyen an jeneral.

Lazard Medilien

Creole words from comment two:
Lonbrik – Navel / umbilical cord
Ti moso lil – Small piece of an island
Sètifika (etid prime) – Primary studies
Bakaloreya (etid sekondè) – Secondary studies
Elèv - Student
Anplis – Besides
Reysi – To achieve
Ratrapaj – Reinforcement
Konkou – Contest/ process
Ogèye – Proud
Donk – Therefore
Chanjman – Change

Fen anè an Ayiti – New Year's Eve in Haiti

Menm jan ak tout lòt peyi nan monn nan an Ayiti nou selebre fen anè nou tou, kòm nou konnen ke mwa desanm se yon mwa kote gen anpil mobilizasyon, moun pa travay tankou jou senk desanm ke nou konnen ke Kritof Kolon te dekoubri Ayiti. Apre sa nou gen jou ki vennkat desanm, ki se yon jou espesyal kote tout moun mobilize pou pase nwit sa-a avèk fanmi-yo, gen moun nan jou sa-a ki ale nan kèmès, genyen ki ale kay lòt zanmi pou jwe domino ak kazino epi bwe ansanm, manje e yo kapab tou pwofite pale pou tout tan yo pat janm we. Apre sa nou genyen jou tranteen desanm pou rive premyè janvye.

Gen moun ki pase nwit la deyò, genyen ki ale legliz pou priye, genyen ki ale nan disko, ale sou plas piblik, jwe domino ak kazino, gen anpil lòt ki rete lakay yo paske yo pa renmen melanje nan zafè moun.

Nan denyè jou nan anè anpil moun ale an deyò lakay pou yo al we fanmi yo, depi nan mitan lannwit 31 desanm tout moun mete gwo chodyè soup yo sou dife pou jouk li fè klè nan maten, nan jou sa-a tout moun bwe soup joumou lakay paske se sa-a ansyen yo te konn fè nan jou sa-a, epi mache we youn lòt pou swete l yon bòn anè. Nan denyè jou sa yo moun gaspiye anpil lajan pou chanje bagay lakay yo, achte kado pou pitit yo ak anpil nan fanmi an...

Fleurissaint Michelet

Creoe words from comment three:
Mobilizasyon – Movement
Kèmès - Fair
Kazino – Cards / pack of cards
Pwofite - To take advantage of
Deyò - Out
Priye – To pray
Disko – Discotec
Chodyè soup – Pot soup
Dife - Fire
Soup joumou – Pumpkin soup
Swete – To wish
Lajan – Money

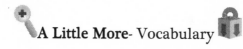

A Little More- Vocabulary

Anpil	Many
Plizyè	Several
Enpe/ Yon ti kras	Some / A little
Sèlman	Only
Sèl	Alone
Anyen	Nothing
Nenpot Kimoun	Anybody
Tout	Everything (all)
Kèk	Some
Ase	Enough
Chak	Each
Trè	Very

Okenn moun   Nobody
Yon Moun   Somebody

Bible verse

Ebrè 4:12

Pawòl Bondye a gen lavi, li gen pouvwa. Li pi file pase kouto de bò. Li koupe jouk li jwenn kote nanm ak lespri moun fè yonn, jouk kote vyann ak mwèl zo kontre. Li jije tout santiman ak tout lide ki nan kè moun.

Kat Atik Espesyal Yo – Four Special Articles

In this unit you will learn

- How to preach about forgiveness
- How to accept Jesus in your life
- The plan of salvation for your life

Nan leson sa-a nou genyen kat atik sou Bondyè. Ministè Gotquestions.org te ban nou otorisasyon pou nou itilize atik sa yo nan liv-la. Se pou laglwa Bondyè nou mete seksyon sa-a, se pou chak noun ki rive nan finisman kou sa-a ka jwenn yon gwo benediksyon Bondyè.

ATIK EN

Kesyon : Ou te jwenn padon? Kòman m' kapab resevwa padon nan men Bondyè?

Repons : Travay 13 :38 deklare, pakonsekan, Frè-m yo nou fèt pou nou konn sa byen : Bondyè voye Jezi fè nou konnen l'ap padonnen tout peche nou yo.

Kisa padon an ye e poukisa mwen bezwen li?

Mò "padonnen» vle di netwaye pwòp yon metal, padonnen, anile yon dèt. Lè nou abize frè-n, n'ap chache yon padon nan fason pou restore relasyon nou. Padon se pa fè konsesyon paske moun merite padon. Pèsonn pat merite padon. Padon se yon ak lanmou, mizèrikòd e gras. Padon se yon desizyon ki pa kenbe anyen kont yon lòt moun. Malgre tout sa-l te fè-w ki mal.

Bib-la di nou, nou tout bezwen padon nan men Bondyè. Nou tout fè peche. Eklezyas 7:20 konfime « pa gen moun k'ap mache dwat sou latè ki ka di tou sa l'ap fè byen, li pa janm fè sa ki mal » 1 Jan 1 :8 di « si nou di nou pa gen peche, se tèt nou n'ap twonpe. Veritè-a pa nan nou » « Lave-m, foubi-m pou wete fòt mwen fè-a paske se kont ou menm menm mwen pechè » (Sòm 51 :4). Kòm rezilta, nou bezwen padon Bondyè nan desespwa nou yo. Si peche nou yo pa padonnen, nou pral pase tout etenitè nou nan yon soufrans kòm konsekans peche-n yo. (Matye 25:46; Jan 3:36).

Padon – Kòman m' ka jwenn li ?

Nou ba-l remèsiman paske-l, se yon Bondyè damou e ki gen kè sansib – Li toujou gen dezi pou padonnen nou de peche nou yo ! 2 Pyè 3 :9

di nou « Senyè-a pa pran twòp reta pou kenbe pwomès li yo, jan kèk moun kwè-sa. okontrè, se pasyans l'ap pran ak nou, paske li pa ta renmen pou pèsonn peri, li ta vle pou tout moun tounen vin jwenn li » Bondyè vle padonnen nou, donk li kenbe nou ak padon Li.

Sèl sanksyon jis pou peche nou yo se lanmò. Premyè mwatye liv Women an: 6:23 deklare " Salè peche-a se lanmò" Lanmò Etènel se sa nou jwenn pou peche nou yo. Bondyè, nan plan pafèt li, li te devni moun, pou viv nan mitan nou (Jan 1:1, 14). Jezi te mouri sou lakwa, li te pran pèn ke nou te merite-a ki se lanmò. 2 Korentyen 5 :21 ansenye nou « Kris-la pat janm fè okenn peche, men Bondyè fè-l pran sò nou sou li, yo trete-l tankou yon moun ki te fè peche. Konsa, lè nou fè yon sèl kò ak Kris-la, Bondyè fè nou gras. Jezi mouri sou kwa-a, li pran pinisyon ke-n te merite-a! kòm Bondyè, lanmò Jezi-a founi padon pou peche lemonn antyè. 1 Jan 2 :2 pwoklame " paske Jezi te ofri tèt li tankou bèt yo ofri bay Bondyè, pou Bondyè te ka padonnen peche nou yo, pa peche nou yo ase, men peche tout moun tou » Jezi leve sòti vivan nan lanmò ; li pwoklame viktwa sou peche ak lanmò, (1 Korentyen 15 :1-28). Louanj pou Bondyè atravè lanmò e rezireksyon Jezikri, dezyèm mwatye liv Women 6 :23 li vrè « Men kado Bondyè se lavi etènel atravè Jezikri Senyè nou-an ».

Eske-w vle jwenn padon pou peche-w yo ? Eske-w gen santiman chaje de fòt ki parèt difisil pou-w pote-l ale? Padon peche-w yo disponib si-w mete konfyans ou nan Jezikri kòm sovè-w. Efesyen 1:7 di "Grenmesi Kris ki mouri pou nou an, nou delivre, nou resevwa padon pou peche nou yo. Bondyè fè nou wè jan li renmen nou anpil. Bondyè te peye dèt nou yo pou nou, konsa, nou kapab podonnen tout sa-w dwe fè se mande Bondyè pou padonnen-w atravè Jezi, kwè ke Jezi te mouri pou peye pou padon e li pral padonnen-w! Jan 3 :16-17 pote yon mesay mèvèye "Paske Bondyè sitèlman renmen lèzòm li bay sèl pitit li-a pou yo. Tout moun ki va mete konfyans yo nan li p'ap pèdi lavi yo. Okontrè y'a gen lavi ki p'ap janm fini an. Bondyè pa voye pitit li-a sou latè pou kondane lèzòm men pito pou l te kapab delivre yo ».

Padon – Eske-l reyèlman fasil?

Wi, se fasil ! Ou pa kap ganyen padon nan Bondyè. Ou pa kap peye padon-ou nan Bondyè. , atravè gras e mizèrikòd Bondyè. Si ou vle asepte Jezikri kòm sovè-w e resevwa padon nan Bondyè. Men priyè ou kapab priye. Di priyè sa ou nenpòt lòt priyè p'ap ka sovè-w. Se sèlman kwè nan Jezikri ki kapab founi padon peche-w yo. Priyè sa se senpleman yon fason pou pale ak Bondyè, mete lafwa nan li e remèsyè-l pou pwovisyon padon sa-a ke-l fè pou nou. « Bondyè, mwen konnen mwen peche kont ou e-m merite kondanasyon. Men Jezikri te pran kondanasyon kem te merite donk atravè lafwa nan li, m' kapab padonnen. Mwen mete konfyans nan ou pou sovè-m. Mèsi pou gras ak padon mèvèye ou yo! Amèn.

Creole words from this article:

Pakonsekan – Therefore
Peche - Sin
Netwaye – To clean
Pwòp - Clean
Dèt - Debt
Pèsonn - Nobody
Mizèrikòd- Mercy
Gras - Grace
Twonpe – To deceive
Foubi – To scrub
Desespwa – Hopelessness – desperation
Etenitè – Eternity
Soufrans – Suffering
Pwomès - Promise
Peri - Perish
Lanmò – Death
Lakwa – The cross
Pèn – Penalty / fault

Pinisyon - Punishment
Founi - To provide
Lafwa - Faith
Mèvèye – Wonder / wonderful

ATIK DE

Kesyon : Kisa sa vle di asepte Jezi kòm sovè pèsonel ou?

Repons : Ou te asepte Jezikri kòm sovè pèsonel ou ? Ou konprann kesyon sa-a korèteman, ou dwe premyèman konprann tèm « Jezikri » « pèsonel » « sovè »

Kimoun Jezikri ye ? Anpil moun admèt Jezikri kòm yon bon moun, yon gran mèt, ou egal ak yon pwofèt Bondyè. Bagay sa-a yo di de Jezi-a definitivman vrè, men yo p'at defini antyèman kimoun vrèman li ye. Bib-la di nou ke Jezi se Bondyè nan lachè, li se Bondyè nan fòm moun (an wè Jan 1 :1-14). Bondyè te vinn sou latè pou anseye nou, geri nou, korije nou, padonnen nou e mouri pou nou ! Jezikri se Bondyè kreyatè-a, souveren Senyè-a, eske-w asepte Jezi sa-a ?

Kisa yon sovè ye, e poukisa mwen bezwen yon sovè? Bib-la di nou ke nou tout fè peche ;

nou tout komèt aksyon movèz (Women 3 :10-18). Kòm yon rezilta de peche-n yo, nou merite kolè ak jijman Bondyè. Inik chatiman jis pou peche nou komèt yo kont Bondyè enfini se yon chatiman enfini. (Women 6 :23 ; Revelasyon 20 :11-15). Se pou tèt sa nou bezwen yon sovè.

Jezikri te vini sou latè e-l te mouri nan plas nou. Lanmò Jezi-a te peye dèt peche nou pou toutan. (2 Kontentyen 5 :21). Jezi te mouri pou peye fòt peche nou yo. (Women 5 :8). Jezi te peye pri-a donk nou pa dwè anyen. Leve sòti vivan nan lanmò-a pwouve ke lanmò te sifi pou peye fòt peche nou yo. Se poutèt sa Jezi se yon sèl e inik sovè. (Jan 14 :6, Travay 4 :12). Eske-w kwè nan Jezi kòm sovè-w ?

Eske Jezi se sovè « pèsonel » ou ? Anpil moun wè kretyèntè kòm asiste legliz; egzekite rit seremonyal, e komèt kèk peche ou pa komèt kèk peche. Sa se pa kretyèntè-a ; se yon relasyon pèsonel avek Jezikri. Asepte Jezi kòm sovè pèsonel ou vle di mete pwòp konfyans ou e kwè nan li. Pa gen okenn moun ki ka sove avek lafwa lòt moun. Pa gen okenn moun ki ka fe padonnen poutèt kèk zèv li fè. Linik mwayen pou-w sove se asepte pèsonèlman Jezi kòm sovè-w, kwè nan lanmò-l kòm peyman dèt peche nou yo e leve sòti vivan nan lanmò-l la kòm garanti lavi etènel-la. (Jan 3:16). Eske pèsonèlman Jezi se sovè-w ?

Si ou vle asepte Jezikri kóm sovè pèsonel ou, di pawòl sa yo ak Bondyè. Sonje, di priyè sa-a ou nenpòt lòt priyè p'ap ka sove-w. Sèlman kwè nan Jezikri e denyè zèv sou lakwa kapab sove-w nan peche. Priyè se senpleman yon mwayen pou esprime konfyans ou nan Bondyè e remèsyè-l pou pwovisyon Sali-a li ba ou. Bondyè, mwen konnen ke-m peche kont ou e-m merite chatiman. Men mwen kwè Jezikri te pran chatiman-m te merite-a, donk atravè konfyans nan li, mwen kapab jwenn padon. Mwen resevwa padon-w ofri-m nan e-m mete konfyans mwen nan ou pou sove-m. Mwen asepte jezi kòm sove pèsonel mwen ! Mesi pou gras ak padon mèvèye-w la, kado lavi ki p'ap janm fini-an! Amèn.

Creole words from this article:

Sovè pèsonel – Personal savior

Tèm – Term

Lachè - Flesh

Geri – To heal

Kolè – Anger

Jijman – Judgment

Kretyèntè – Christianity

Rit seremonyal – Ceremonial ritual

Zèv - Work

Peyman – Payment

ATIK TWA

Kesyon : Kisa plan Sali-a ye / chenmen Sali-a?

Repons : Eske-w grangou? Se pa grangou fizik, men eske-w gen yon grangou de kèk bagay anplis nan vi sa-a? Eske genyen bagay nan ou menm ki pwofon ki sanble pajanm satisfè? Si se sa, Jezi se chenmen-an ! Jezi te di « Mwen se pen ki bay lavi-a, moun ki vinn jwenn mwen p'ap janm grangou. Moun ki kwè nan mwen p'ap janm swaf" (Jan 6:35).

Eske-w nan konfisyon ? Sanble ou pa jam kapab jwenn yon chenmen ou yon objektif nan lavi-w ? Sanble yon moun etènn limyè yo e ou pa kapab jwenn switch-la? Si se sa, Jezi se chenmen an! Jezi te pwoklame : Se mwen menm ki limyè k'ap klere monn-lan e moun ki swiv mwen va gen limyè ki bay lavi-a. Yo p'ap janm mache nan fènwa.

Eske-w pa janm santi kóm si yo te fènmen pòt lavi-w? Eske-w te eseye plizyè pòt, sèlman pou jwenn sa ki kache dèyè yo ki vid e san sans? Eske w'ap chache yon antre nan yon lavi konplèt? Si se sa, Jezi se chenmen-an ! Li deklare : Mwen se pòt-la, moun ki pase nan mwen pou antre, l'a sovè. L'a antre, l'a sòti, l'a

123

jwenn manje pou'l manje. (Jan 10:9).

Eske moun toujou meprize-w? Eske lyen parantal ou vinn desann e vid? Eske sanble gen moun k'ap eseye pran avantaj sou-w? Si se sa, Jezi se chenmen-an! Li te di: Se mwen menm ki bon bèje-a, mwen konnen mouton-m yo e mounton-m yo konnen mwen. (Jan 10:11,14).

Eske ou mande sa k-ap rive apre vi sa-a? Eske ou fatige viv lavi-w pou bagay k-ap pouri ou k-ap fini ? Eske ou pafwa doute si lavi-a genyen kèk siyifikasyon? Eske ou vle viv apre ou fin mouri? Si se sa, Jezi se chenmen-an ! Li deklare : Se mwen menm ki leve moun mouri yo, se mwen menm menm ki bay lavi. Moun ki mete konfyans yo nan mwen, yo gen pou yo viv menm si yo rive mouri. Moun k'ap viv, epi ki mete konfyans yo nan mwen, yo p'ap janm mouri. Eske ou kwè sa? (Jan 11:25-26).

Kisa chenmen-an ye? Kisa veritè-a ye? Kisa lavi-a ye? Jezi te reponn "Se mwen menm menm ki chenmen-an, se mwem menm menm ki verite-a, se mwen menm menm ki lavi-a., pèsonn pa ka al jwenn Papa-a si li pa pase nan mwenm" (Jan 14:6).

Grangou ou santi-a, se yon grangou espirityèl e ki kapab satisfè pa Jezi sèlman. Jezi se sèl moun ki kapab retire-w nan fènwa. Jezi se pòt-la pou yon vi ki satisfè. Jezikri se zanmi e bèje ke ou t'ap chache-a. Jezi se lavi-a nan monn sa-a ak sa k'ap vini-an. Jezi se chenmen Sali-a !

Rezon ki fè ou santi grangou-a, rezon ki fè ou sanble pèdi nan fènwa-a, rezon ki fè ou pa ka jwenn siyifikasyon nan vi-a, se paske ou separe ak Bondyè. Bib-la di ke nou tout fè peche, sepandan ou separe ak Bondyè (Eklezyas 7 :20 ; Women 3 :23). Vwa ou santi nan kè ou-la, se Bondyè ou manke nan lavi-w. Nou te kreye pou nou te gen yon relasyon avèk Bondyè. Akoz peche nou, nou te separe ak relasyon sa-a. Menm pi mal, peche nou va lakoz nou separe ak Bondyè pou tout letènite nan vi sa-a ak nan vi k-ap vini-an. (Women 6 :23, Jan 3 :36).

Kòuman pwoblèn sa-a te ka rezoud? Jezi se chenmen-an! Jezi te pran peche nou sou li menm menm. (2 Korentyen 5 :21). Jezi te mouri nan plas nou (Women 5:8), li pran chatiman nou te merite-a. Twa jou apre, Jezi leve sòti vivan nan lanmò, li montre viktwa li sou peche ak lanmò (Women 6 :4-5). Poukisa li te fè sa ? Jezi te reponn kesyon-an li menm menm: Pa gen pi bon jan pou ou montre jan ou renmen zanmi ou pase lè ou bay lavi ou pou yo. (Jan 15 :13). Jezi te mouri pou nou te kapab viv. Si nou mete konfyans nou nan li, kwè nan lanmò li kòm li peye pou peche nou, tout peche nou yo padonnen e lave. Alò nou va genyen lavi konplèt. Nou va konnen vrè, pi bon zanmi e bon bèje-a. Nou va konnen ke nou va gen lavi apre nou fin mouri, yon lavi nouvèl nan syèl-la pou letènite ak Jezikri.

« Paske Bondyè sitèlman renmen lèzòm, li bay sèl pitit li-a pou yo. Tout ki va mete konfyans yo nan li p'ap pèdi lavi yo. Okontrè y'a gen lavi ki p'ap janm fini-an» (Jan 3:16).

Creole words from this article:

Sali - Salvation

Chenmen – Way / path

Grangou – Hunger

Etènn limyè – To turn the light off

Fènwa – Darkness

Vid – Empty

Avantaj – Advantage

Bon bèje-a – Good shepherd

Mouton – Sheep / Lamb

Pouri – To rot

Doute – To doubt

Rezoud – To resolve

ATIK KAT

Kesyon : Mwen fèk sot mete konfyans mwen nan Jezikri…kounye-a kisa?

Repons : Felisitasyon ! Ou pran yon desizyon pou ou chanje lavi ou. Petèt w-ap mande "Kounye-a kisa? Kòuman mwen kapab Kòmanse vwayaj mwen ak Bondyè? » Senk pa ki mansyone anba-a yo va ba ou direksyon nan Bib-la. Lè ou genyen kesyon sou vwayaj ou, sil-vou-plè vizite www.gotquestions.org .

1. Asire ou ke w konprann Sali-a.

1 Jan 5 :13 di nou, « m'ap ekri nou lèt sa-a, nou menm ki kwè nan pitit Bondyè-a pou nou ka konnen ke nou gen lavi ki p'ap janm fini-an » Bondyè vle nou konprann Sali-a. Bondyè vle nou genyen asirans ke nou konnen avèk asirans ke nou sove. Nan yon ti tan, ann ale nan pwen klè Sali-.

a. Tout moun fè peche, yo tout vire do bay Bondyè ki gen tout pouvwa-a. (Women 3 :23)

b. Akòz peche nou yo, nou merite pinisyon, separasyon etènel avèk Bondyè (Women 6 :23)

c. Jezi te mouri sou lakwa pou-l peye pou peche nou yo. (Women 5 :8, 2 Korentyen 5 :21)

Jezi mouri nan plas nou, pran chatiman ke nou te merite-a. Rezireksyon li te montre ke lanmò li te sifi pou-l peye pou peche nou yo.

d. Bondyè bay padon ak Sali a tout moun ki mete konfyans yo nan Jezikri, ki kwè nan

lanmò li kòm moun ki peye dèt peche nou yo
(Jan 3 :16, Women 8 :1, Women 5 :1)

Sa-a se mesaj Sali-a ! Si ou mete konfyans ou
nan Jezikri kòm sovè pèsonel ou, w-ap sove !.
Tout peche ou yo padonnen, e Bondyè pwomèt
pou li pa janm kite ou, oubyen abandonnen-w
(Women 8 :38-39 ; Matye 28 :20). Sonje, Sali ou
asire nan Jezikri (Jan 10 :28-29). Si ou kwè nan
Jezikri kòm sèl sovè-w, ou kapab gen asirans ke
ou va pase letènite avèk Bondyè nan syèl-la.

2. Jwenn yon bon legliz k-ap anseye Bib-la.

Piga ou panse legliz-la tankou yon gwo kay.
Legliz la se moun yo. Li enpòtan anpil pou
kwayan Jezikri yo gen bon relasyon youn ak
lòt. Sa-a se youn nan premyè objektif legliz-la.
Kounye-a ou fin mete konfyans ou nan Jezikri.
Nou ankouraje ou fòtman pou ou jwenn nan
zòn kote ou rete-a, yon legliz ki kwè nan
ansèyman liv biblik yo epi pale ak Pastè-a. lese
li konnen nouvèl konfyans ou nan Jezikri.

Yon dezyèm objektif legliz-la se anseye Bib-
la. Ou kapab aprann Kòuman pou ou
anplwaye nouvèl enstriksyon Bondyè yo nan
lavi-w. konpreyansyon Bib-la se yon kle pou ou
viv yon vi kretyèn plen siksè ak pwisans 2
Timote 3:16-17 la di nou: Tout sa ki ekri nan
liv-la, se nan Lespri Bondyè-a yo sòti. Y'ap sèvi
pou montre moun veritè-a, pou konbat moun

ki nan lerè, pou korije moun k'ap fè fòt, pou montre yo ki jan pou yo viv byen devan Bondyè. Konsa, yon moun k'ap sèvi Bondyè, li tou pare, li gen tout sa li bezwen pou-l fè tout sa ki byen.

Twazyèm objektif legliz-la se adorasyon. Adorasyon se remèsye Bondyè pou tout sa li fè. Bondyè te sove nou. Bondyè renmen nou. Bondyè pran swen nou. Bondyè gide e dirije nou. Kòuman pou nou pa ta ka remèsye li? Bondyè, Li sen, li jis, li se lanmou, li gen konpasyon e plen ak gras. Revelasyon 4:11 deklare. "O Bondyè mèt nou, ou merite pou ou resevwa louanj, respè ak pouvwa. Se ou menm ki fè tout bagay. Si yo la, si yo gen lavi, se paske ou vle-l".

3.   Dispoze yon tan akote pou ou konsantre ou sou Bondyè.

Li enpòtan anpil pou nou pase yon tan chak jou pou nou konsantre nou sou Bondyè. Anpil moun rele li « yon ti tan trankil » Lòt moun rele li « Devosyon ». Paske li se yon tan ke nou konsakre nou menm menm ak Bondyè. Gen moun ki prefere li nan maten pandan ke gen lòt ki pito li nan aswè. Pwoblèm nan se pa nan jan ou rele lè sa-a ou kilè w fè li. Sa ki enpòtan se pase tan regilyèman ak Bondyè. Ki evènman ki reyini tan nou ak Bondyè?

a. Priyè, se sèlman pale avèk Bondyè. Pale avèk Bondyè de bagay ki konsève ou, pwoblèm ou yo e mande li pou li ba ou sajès ak direksyon. Mande Bondyè pou soutni bezwen nou yo. Di Bondyè konbyen ou renmen li e konbyen ou apresye sa li fè pou ou yo. Se tout sa priyè-a ye.

b. Li Bib-la. Anplis de ansèyman Bib-la nan legliz-la, lekòl dominikal ou etid biblik, ou bezwen li Bib-la pou kont ou. Bib-la gen tout bagay ou bezwen konnen pou ou ka viv yon vi kretyèn plen ak siksè. Li genyen direksyon Bondyè pou ou ka pran yon saj desizyon, Kòuman ou ka konnen volonte Bondyè, Kòuman ou pou dirije lòt moun, Kòuman ou ka grandi espirityèlman. Bib-la se pawòl Bondyè menm pou nou. Bib-la se esansyèlman enstriksyon manyèl Bondyè pou Kòuman pou nou viv vi ou yon fason ki fè li plezi e ki satisfè nou.

4. Devlope relasyon avèk moun ki ka ede nou espirityèlman.

1 Konrentyen 15 :33 di nou « piga nou twonpe tèt nou, move zanmi gate bon levasyon » Bib-la plen ak avètisman sou enflyans « move bagay» moun ka gen sou nou pase tan avèk moun ki angaje yo nan aktivite

peche va lakoz nou tante pa aktivite sa yo. Levasyon moun sa yo ki antoure nou yo va detènn sou nou ti kras pa ti kras. Se poutèt sa, li enpòtan pou nou rasanble nou, nou menm menm, avèk moun ki renmen Senyè-a epi ki kwè nan pwomès li

Eseye jwenn yon zanmi oubyen de, petèt nan legliz, moun ki kapab ede ou e ankouraje-w (Ebre 3 :13, 10 :24) Mande zanmi ou yo pou kenbe reskonsab nan sa ki gen rapò ak tan lib, aktivite ou yo, nan mach ou ak Bondyè. Mande si ou kapab fè menm ak yo. Sa pa vle di ou dwe abandonnen tout zanmi ou yo ki pa konnen Jezi Senyè-a kòm sovè yo. Kontinye fè zanmi yo epi renmen yo, sèlman fè yo konnen ke Jezi te chanje lavi ou e ou pa kapab fè tout bagay ou te abitye fè yo. Mande Bondyè pou-l ba ou opòtinite pou pataje Jezi avèk zanmi ou yo.

5. Batize

Anpil moun mal konprann batèm, Mo « Batize » vle di plonje nan dlo. Batèm nan se fason biblik e piblikman pwoklame de yon nouvèl konfyans nan Jezikri e yon angajman pou swiv li. Aksyon nan dlo-a vle di mouri avèk Kris. Aksyon sòti nan dlo-a montre rezireksyon nou ak Kris-la. Lè ou batize, ou idantifye ou menm menm avèk lanmò Kris, antèman e rezireksyon (Women 6 :3-4)

Batèm nan, se pa sa ki sove-w. Batèm nan pa retire peche ou yo. Batèm nan se sèlman yon pa de obeyisans, yon pwoklamasyon piblik de lafwa ou a Kris sèl pou Sali ou. Batèm nan enpòtan paske li se yon pa de obeysans - yon deklarasyon piblik de konfyans ou nan Kris e yon angajman ak li. Si ou prè pou batize, pale avèk Pastè-ou.

Creole words from this article:

Petèt – Perhaps / maybe

Senk pa – 5 steps

Bib-la – The Bible

Pwen klè – Key point

Mesaj - Message

Syèl-la – Heaven

Legliz-la – The church

Ankouraje - Encourage

Ansèyman – Teaching

Siksè – Success

Pwisans - Power

Lerè - Mistake

Li sen – He is holy

Sajès – Wisdom

Soutni- Uphold

Lekòl dominikal - Sunday school – bible school

Avètisman - Warning

Pataje – To share

Batèm – Baptism
Antèman – Burial

A Little More – Vocabulary

Alè	On time
Anlè	Above / top
Atè	Under
Byen	Good
Kom	How
Lè	When
Move	Bad
Pandan	During, while
Senpleman	Simply
Sètènman	Surely
Apre	After
Avan	Before
Depi	Since
Jiska	Until
Vè	Around

CONCLUSION

Thank you for choosing Teach Yourself Haitian Creole for your study, you have arrived to the end of the course; which means you are already prepared to talk to anybody in Creole.

Request our dictionary in Creole – English and the second level of this volume, which is available for sale, for those who want to deepen their knowledge. Visit our web site: http://aprendeis.com/ or you can also contact us directly at info@aprendeis.com

Bondye Beni nou anpil e n'a we pwochen fwa.

May God Bless you - Bondyè Beni Nou Anpil

Yeral E. Ogando
www.aprendeis.com

ANSWERS to PRACTICE MAKES PERFECT

LESSON 1.
a. I can sleep
b. What is it with you / what is wrong with you
c. Why can you not go
d. Myself, I am very well
e. How are you madam?

LESSON 2.
a. Mwen pa janm dòmi
b. Nou poko pale
c. Poukisa yo pa pale
d. Kisa li genyen
e. Mwen pa pi mal

LESSON 3
1.
a. Pale
b. Blese
c. Vle
d. Asepte
e. Mouri
f. Bliye

2.

a. Eske ou ka pale kreyòl

b. Eske Nou dwe ale

c. Eske Li pa vle manje

d. Eske Ou bezwen lajan

e. Eske Li konprann espanyol

3.

a. Mwen pa pale espanyol trè byèn

b. Ou ka konprann kreyòl

c. Nou pa bezwen ale kounye-a

d. Li vle etidye espanyol

e. Yo pa ka li kreyòl

LESSON 4

1.

a. Machin mwen

b. Lakay li casa

c. Liv Jozye

d. Sa a se lakay pal

e. Sa a se madanm mwen

f. Lim pam

2.

a. The sky is blue

b. It is cold

c. It is dark

d. The weather is fine

e. It is raining

f. It is hot

LESSON 5

1.

a. Ap pale

b. Ap bwe

c. Ap chache

d. Ap panse

e. Ap etidye

2.

a. Te pale

b. Te chanje

c. Te we

d. Te vle

e. Te dòmi

f. Te vini

LESSON 6

1.

a. I will travel tomorrow

b. You will finish the job next Monday

c. She will spend her vacation in my house

d. They will work out their situation

e. I am not going to do you any favors

2.

a. Mwen ta renmen etidye angle

b. M' pa ta pale avè-l

c. Esk ou ta ka ede m

d. Nou pa ta ka pale avèk yo

e. Li ta renmen jwenn yon travay

3.

a. Konn abitye

b. Pito

c. Konn abitye

d. Konn abitye

LESSON 7

1.

a. You are my friend

b. John is a gardener

c. I am a teacher

d. I am Dominican

2.

a. La

b. Nan

c. A

d. Nan

e. La

f. A

g. La

3.

a. Poul yo

b. Kochon yo

c. Bèf yo

d. Vèb yo

e. Pòt yo

f. Tab yo

LESSON 8

Nou te pase yon move jou nan travay-la, paske jenerate pat travay, men lè m te pale avèk chef pam sou pwoblèm nan, li pat pale m byèn, men sa a pat fòt mwen...

M' pa konprann kòm moun yo pa konn aji korekteman devan sitirasyon difisil yo, mwen toujou aji korekteman, pa egzanp; mwa denyè mwen te anchaje travay la, jou sa a te trè lou, anpil travay, kòm chef mwen pat la, mwen te chef nan moman sa yo; enben, jenerate pat mache, e mekanisyen te nan lè pou l manje, mwen te gen responsabilite pou m rezoud pwoblèm nan, se pou sa mwen te fè sak yon chef dwe fè nan ka sa-a "mwen te ale lakay m..."

GLOSSARY

A kilè – What time
a m krase – I broke an arm
A pyè – On foot
Abiye – To dress
Abyentò – See you soon
Achte - To buy
Adrès la – The address
Afriken – African
Agenda – Agenda
Aksepte - To accept
Aktivite – Activity
Alè - On time
Ale – To go
Ale-retou – Round trip *
Alman - German
Ameriken – American
Anba – Under
Anbabra - Arm pits
Anbasad ayisyen – Haitian Embassy
Anfas – In front of
Anivesè* - Anniversary / birthday
Ankouraje - Encourage
Anlè - Above / top
An-n ale – Let's go
Annou pran – Let us take

Anpil - Many

Anpil – Too much

Anplis – Besides

Anplwaye – To employ / employee

Ansanm – Together

Ansenye - To teach

Ansèyman – Teaching

Antèman – Burial

Antre – To enter

Antre - To enter - get in

Anyen – Nothing

Apati – From

Aprè –After

Apredenmen - Dat after tomorrow

Apremidi - Afternoon

Arab - Arab

Aranje – To solve - organize

Ase - Enough

Asepte – To accept

Asirans –Insurance

Asireman – Sure / of course

Aspirin – Aspirin

Aswè - Evening

Aswe-a – Tonight

Atansyon – Attention

Atè - Under

Avan – Before

Avantaj – Advantage

Avan-yè - Day before yesterday

Avèk – With*

Avètisman - Warning

Avè-w – With you

Avril – April

Avyon – Plane

Ayisyen - Haitian

Ayiti – Haiti

Bakaloreya (etid sekondè) – Secondary studies

Batèm – Baptism

Bay- To give

Bèf - Cow

Bèl - Pretty, handsome, beautiful

Bel isaj – Good view

Bib-la – The Bible

Bis –Bus

Blan - White

Blè - Blue

Blese - To wound

Bliye - To forget

Bon - Good

Bon anivese Happy anniversary/Happy Birthday

Bon bèje-a – Good shepherd

Bon jounen – Good day

Bon machè – cheap *

Bon Nwit - Good night

Bon vwayaj – Have a good trip

Bondye beni w – God bless you

Bonè – Early

Bonjou – Good morning or Good Day – Hello

Bonswa – Good evening *

Bouch - Mouth

Bourik – Donkey

Boutey diven – Bottle of wine

Bra - Arms

Bwè – To drink

Bwos cheve - Hair Brush

Bwos dan - Tooth brush

Bwose - To brush

Byen - Good / well

Byenvini – Welcome

Chak - Each

Chamo – Camel

Chandmas*- Main park in Haiti

Chanjman – Change

Chanm doub – Double Room

Chanpou - Shampoo

Chante - To sing

Chat - Cat

Chè – Expensive

Check-in – Entry or check-in*

Check-out – Exit or check-out*

Chèf - Boss

Chenmen – Way / path

Cheri – Dear

Cheve - Hair

Chifonnen - To wrinkle

Chinwa - Chinese

Chita - To sit

Chodyè soup – Pot soup

Chofè – Driver

Chofè-a- The driver

Chwal - Horse

Chwazi – To choose / To pick

Chyen - Dog

D'aout - August

Dakò – Agreed

Dan - Teeth

Danse - To danse

De fi-yo – Two girls

De pè – Two pairs

Dejà - Already

Dekonpoze - To break down

Denmen- Tomorrow

Depanse - To spend

Depatman – Department

Depi – Since

Depose – To deposit

Desanm - December

Desann - To descend / get down

Desespwa – Hopelessness – desperation

Dèt - Debt

Devan – In front

Deyò - Out

Dezyèm – Second

Dife - Fire

Dimanch – Sunday

Diminye / To decrease

Direkteman – Direct- directly

Diri – Rice

Disko – Discotec

Dispansè – Pharmacist, Pharmacy

Disponib -Available

Disponibilite – Availability

Dlo – Water

Doktè - Doctor

Dola - Dollar

Dòmi – To sleep

Dominiken - Dominican

Donk – Therefore

Doute – To doubt

Douvanjou - Dawn

Dwann nan – Customs

Dwat – Straight / right

Dwè - Should

Dwèt - Fingers

E – And

Ebrè – Hebrew

Ede – To help

Efò – Effort

Ekonomize - To economize / save

Ekri - To write

Eksite   To get excited

Elefan   Elephant

Elèv - Student

Enfomasyon – Information

Engra Ungrateful

Enkwayab – Incredible

Enpe/ Yon ti kras Some / A little

Entelijan Intelligent

Eple – To Spell

Eske – Question Word (Interrogative)

Eskize'm – Excuse me

Espanyol – Spanish

Espesyal - Special

Estasyon – Station

Etè Summer

Etenitè – Eternity

Etènn limyè – To turn the light off

Etidye To study

Fa Lipstick

Famasi – Pharmacy - Drugstore

Fanm - Woman

Fanmi-a – The Family

Fè – Do - Make

Fè mal To hurt (ache)

Fè lapèl – To call *

Fèk - Recent

Fenmen To close

Fènwa – Darkness

Fevriye   February

Fi – Daughter

Figi   Face

Fimen   To smoke

Finalman – Finally

Fini   To finish

Fiti   Future

Fòk - Must

Fomal - Formal

Foubi – To scrub

Foule   To hurt oneself

founi - To provide

Fransè- French

Frè – Brother

Fwa – Time / Occasion

Fwon   Forehead

Gade – To check

Gagè – Cockpit

Gason – Son – Man

Gato – Gift / cake

Gen lè m pito pran – In that case I prefer to take

Genyen-Gen – To have

geri – To heal

Gide – To guide

Goch – Left

Goj fè mal – Sore throat

Goute   To savor

Gra   Fat

Gran Moun Fanm – Old woman

Gran Moun Gason – Old man

Grangou – Hunger

Granmè – Grandmother

Granmoun   Adult

Granpè – Grandfather

Gras – Grace

Gratis - Free

Grek – Greek

Grenn – Pill

Gri   Gray

Gri de pen – Toaster

Grip –Flu

Gwo   Big

Imajine – To imagine

Indispoze   To faint

Isit – Here

Italyèn- Italian

Ivè   Winter

Jam   Legs

Jansiv – Gums

Janti - Gentle

Janvyè – January

Japonè – Japanese

Je   Eyes

Jedi – Thursday

Jen   June

Jenn   Young

Jenn Fi – Young woman

Jenn Moun – Young man

Jenou   Knees

Ji – Juice

Jijman – Judgment

Jiska – Until

Jiyè   July

Jodi-a – Today

Jonn   Yellow

Jwenn – To find

Ka – Can / to be able to

Kabrit   Goat

Kalme   To clam down

Kamera – Camera

Kana   Duck

Kanpe To stand

Kap mande – Is asking

Karant senk - 45

Kat de kredit – Credit card

Kat ou – Your card

Kazino – Cards / pack of cards

Kè   Heart

Kèk – Some

Kèk bagay – Some things / something

Kèmès - Fair

Kenbe   To grab / hold

Kenbe – To maintain / keep

Ki laj – How old *

Kilè - When

Kilè li ye – What time is it

Kilès – Which

Kimoun - Who*

Kisa – what

Kite   To let / allow

Kite m – Allow me / let me

Kle – Key

Kle-a – The Key

Kochon   Pork / Pig

Kodenn   Turkey

kolè – Anger

Kom   How

Komanse   To begin

Kominike – To communicate

Konbyèn – How much

Konkou – Contest/ process

Konn abityè pale – I tend to talk / I use to talk

Konnen – To know

Konprann To comprehend, understand

Konpreyansyon – Comprehension

Konsa – So / like that/ that way

Konsiltasyon – Consultation

Konsilte – To consult

Kontan   Happy

Kou   Neck

Kouche   To reclilne / Lie

Koulèv   Snake

Kouman -How*

Kounye- a   Now

Kouri   To run

Kout   Short

Koute – To cost

Kouzen – Cousin (male)

Kouzin – Cousin (female)

Krèm pou bab   Shaving cream

Kretyèntè – Christianity

Kreyòl – Creole

Kriye   To cry

Kwè – To believe

L'ap fè nej   It is snowing

L'p fè lapli   It is raining

La jounen   Day

lachè - Flesh

lafwa - Faith

Lafyèv – Fever

Lage – To Leave / place / deliver / put

Lajan – Money

Lakwa – The cross

Lang   Tongue

Lanjelis   Twilight

Lanmè - Sea

Lanmò – Death

Lannen – The year

Lannwit Night

Lave   To wash

Lè   When

Lè-a – The time

Lèd – Ugly

Legim – Vegetables

Legliz-la – The church

Lekòl – School

Lekòl dominikal - Sunday school – bible school

Lendi - Monday

Lerè - Mistake

Lestonmak   Stomach

Lèv   Lips

Leve   To lift – Get up

Li   To read

Li fè bon tan   It is nice weather

Li fè cho   It is hot

Li fè fre   It is cool

Li fè fret   It is cold

Li fè nwa - It is dark

Li okipe – He is busy

Li sen – He is holy

Lonbrik – Navel / umbilical cord

Long – Long

Lopital jeneral – General Hospital

Losyon   Cologne

Lòt – Other

Lou   Bear

Lwen – Far

Lye Istorik – Historic place

Lyon   Lion

M pa fin konprann – I cannot understand

M pa konnen – I do not know

M prese – I am in a hurry

M vle prann l a pyè – I will go by foot

M' espere – I wait

Mache – To walk

Machin nan – Auto, machine – car - vehicle

Madanm – Madam

Madanm – Spouse – Wife

Madi - Tuesday

Madmwazel – Miss

Mal dan – toothache

Malad - sick

Maladi – Disease, illness

Malet – Suitcase

Malozye – pain in the eyes

Mande – To ask

Manje To eat

Manke – To miss

Manman - Mom

Manton   Chin

Manyifik – Magnificent

Map-la – I will be there

Mari – Spouse – Husband

Mas- March

Maten - Morning

Maten an - The morning

Mawon - Brown

Mayi – Corn

Me   May

Mèg   Skinny

Mekanisyen – Mechanic

Mekredi - Wednesday

Men   Hands

Men – But
Men – Hand
Men li – Here it is
Meni - Menu
Mennen – To take, bring, carry
Mesaj - Message
Mèsi – Thanks
Mesi Anpil – Thank you very much
Mesyè – Sir
Met ale – May go
Mete – To place / to enter / to put
mèvèye – Wonder / wonderful
Midi – Noon
Minit - Minute
Minwi   Midnight
Mizèrikòd- Mercy
Mizik - Music
Mobil mwen – My cell phone
Mobilizasyon – Movement
Monte – To go up / get on
Mouri - To die
Mouton – Sheep / Lamb
Mouye - To wet
Move   Bad
Mwen – I
Mwen blese tèt mwen – I hurt myself
Mwen gen yon rim – I have a cold
Mwen grangou – I am hungry
Mwen koupe tèt mwen – I cut myself

Mwen regret sa – I am sorry

Mwen rele – I am/ my name is

Mwen swaf – I am thirsty

Nan aswè At night

Nan maten In the morning

Nap boule – Fighting / Struggling

Nap we yon lòt lè – See you later

Nen – Nose

Nenpot Kimoun   Any body

Netwaye – To clean

Ni yon ni lòt – Neither one nor the other

Nimewò mwen – My number

Non – Name

Nouvèl - News

Novanm   November

Nwa   Black

Odè / Pafem   Perfume

Ogèye – Proud

Ogmante   To increase

Ok, pa gen pwòblem – Ok, no problem

Okenn moun   Nobody

Okontre – The opposite

Oksayon – Occasion

Oktob   October

Opotinite – Opportunity

Osi* - Also

Otòn   Autumn

Ou – You

Ou Menm – Yourself

Oubyèn – Or

Ouvri To open

Pa – Negative form

Padkwa – You are welcome

Pakonsekan – Therefore

Pale – To speak

Pandan – While / During

Papa - Dad

Paran – Parents

Parese   Bum /.lazy

Pasaje – Passenger

Pase   To pass / to iron

Pase bon jounen – Have a good day

Paske – Because

Paspò - Passport

Pasyans ou – Your patience

Pat Tooth paste

Pataje – To share

Pati To leave

Peche - Sin

Pèdi To lose

Pèn – Penalty / fault

Penyen   To comb

Peri - Perish

Pèsonn - Nobody

Petèt – Perhaps / maybe

Peyè – To Pay

peyman – Payment

Pi bel pase – Prettier (more beautiful) than

Pi bon – Better

Pi bon diven – the best wine

Pi bone   Earlier

Pi ta   Later

Pinisyon - Punishment

Pisin - Pool

Pita – Later

Piti   Small

Pitit mwen – My son

Pito – To prefer

Plaj - Beach

Plan - Map

Planifikasyon – Plan / planning

Planifyè – To plan

Plezi – Pleasure

Plizyè – Several

Popye   Eye lids

Pòt – Door

Potay leogan* - A bus station in Haiti

Potigè - Portuguese

Pou – For / By *

Poukisa – Why

Poul Chicken

Pouri – To rot

Pòv Poor

Prale – To go (future)*

Pratik – Practice

Premyè fwa – First time

Premyè kafou – First traffic light

Prentan   Spring

Prezan - Present

Pri – Price

Priye – To pray

Pwatrin   Breast / Chest

Pwen klè – Key point

Pwisans - Power

Pwòchen – Next

Pwofite - To take advantage of

Pwomès - Promise

Pwòp - Clean

Pwoteje – To protect

Pye   Feet

Randevou – Appointment

Rantre – Enter – Get in

Rat   Rat

Ratrapaj – Reinforcement

Rayi   To hate

Razwa   Razor

Refize   To refuse/deny/reject

Regret – To regret

Rekonesan - Thankful

Rele – To call

Remèsiman – Gratitude

Renmen   To love/ to like

Repete – To repeat

Repoze   To rest

Resevasyon – Reservation

Reseve – To reserve

Resevwa   To receive

Resi – Receipt / invoice

Resi – To achieve

Restoran - Restaurant

Rete To stay / Remain

Retire To retire - take out

Reveye   To wake up

Revini   To improve / Revive

Reyelman – Really

Rezoud – To resolve

Ri To laugh

Ri – Street

Rich - Rich

Ris - Russian

rit seremonyal – Ceremonial ritual

Rive – To arrive

Robè – Robert

Sa- a se trè rapid – Fast

Sa kap fèt – How are you?

Sa laba-a – That / that one

Sajès – Wisdom

Sali - Salvation

Samdi - Saturday

Santi – To feel / smell

Savon   Soap

Sè - Sister

Se – To be*

Sè mwen – My Sister

Se vrè – It is true

Seche   To dry

Sechwa   Dryer

Sekretè – Secretary

Sèl   Only

Sèlman - Only

Senk è – 5

Senk pa – 5 steps

Senk san goud –500 goud

Senmen – Week

Senmen pase-a   Last week

Senmèn pwochen   Next week

Senpleman   Simply

Sentespri-a – Holy Spirit*

Sentòm – Symptom

Senyè – Mister / Lord

Septanm   September

Sèt - Seven

Sèt jou – 7 days

Sètènman   Surely

Sètifika (etid prime) – Primary studies

Sevyet   Towel

Sevyet men   Hand towel

Si Dyè vle – Lord willing *

Si se ta madanm w – if it was your wife

Siksè – Success

Sila-a – This/ this one

Silvouplè – Please*

Sipris - Surprise

Sipriyè – To pray / To implore

Sis mwa – Six months
Sistèm – System
Sonje
Sonje – To remember
Sòt Stupid
Sòti To go out/get out
Sòti – To go out/get out
Sou Ayiti – About Haiti
Sou men goch ou – To your left
Souci Eye brows
Soufrans – Suffering
Soulye – Shoe / shoes
soup jòmou – Pumpkin soup
Soupe – To have dinner
Sourit   Mouse
Soutni- Uphold
sovè pèsonel – Personal savior
Swete – To wish
Swiv mwen – Follow me
Syèl la ble   The sky is blue
Syèl-la – Heaven
Ta   Late
Ta renmen – Would like
Tab - Table
Talon Pye Heel
Tan an bèl It is a nice temperature
Tan an kalm   The weather is calm
Tan an maske   It is coudy
Tan an move It is bad weather

Tande – To listen

Tankou - As

Tann – To wait

Tanpri – Please

Tant - Aunt

Te kite – I left

Telefon – Telephone

Tèlman – So much

tèm – Term

Tèt   Head

Tèt fè mal – my head hurts

Tèt vire – Dizziness

Ti bebè-a – The Baby (male)

Ti Fi – Girl

Ti Gason – Boy

Ti moso lil – Small piece of an island

Ti moun-nan – The Baby (female)

Tig   Tiger

Tikè - Ticket

Tonton - Uncle

Touche   To touch

Tounen – Return / come back

Touse – To cough

Tout   Everything (all)

Tout – Everything

Toutfwa – Always / every time*

Trant mini – 30 minutes

Travay – Work / To work

Travayè Hardworking

Travesè – To cross

Trè Very

Trè byèn – Very well

Trenn – Train

Tris - Sad

Twa mwa – Three months

Twa san goud – 300 goud

Twonpe – To deceive

Twòp – Too much*

Twòp tan – Too much time

Vakans – Vacation

Van an ap vante   It is windy

Vandredi - Friday

Vann To sell

Vant Belly (waist)

Vant fè mal – Stomachache

Vè Green

Vè Around

Vid – Empty

Vini tocome

Vire – To turn

Viza - Visa

Vizite – To visit

Vizit-la – The visit

Vle – To want

Vrè – True

Vwayaj – Trip

Wa tounen – You will return

We – See

Wete To remove

Wi – Yes

Women – Roman

Wouj   Red

Woz   Pink

Yè – To be*

Ye – Yesterday

Yon anè – One year

Yon moman silvouple – One moment please

Yon Moun   Sombody

Yon ti kras – A little

Zanmi - Friend

Zanzèt – Ancestors

Zèb   Zebra

Zepeng cheve   Bobby pin

Zepol   Shoulders

zèv - Work

Zong   Finger nails

Zong pye   Toe nails

Zorèy   Ear

Zòtey   Toes

Zouti – Tool / utensil

AUTHOR BIOGRAPHY

Dr. Yeral E. Ogando del Rosario, was born on May 18th, 1977 in Las Matas de Farfán, Dominican Republic. He is the son of Ubersindo Ogando Ogando and father of Yeiris & Tiffany Ogando.

Yeral is polyglot. (For those of us who don't have all the degrees Mr. Ogando has earned, this means he is multilingual.)

At the age of seventeen he finished studying English. He learned French and Creole when he was eighteen. His nineteenty year he studied Italian and Portuguese. German his twentieth, and from age Twenty-one through twenty-three he learned Russian, Greek and basic Japanese. The next language he took on was Biblical Hebrew.

Throughout the years Yeral E. Ogando studied the drills on learning a new language; mastering any language in a very short time. Searching through many different methods, he came up with his very special technique for *"Teaching Yourself"* a new language. With this book the experiences and skills he acquired are at your hand.

This proven technique for "Self Learning"has been tested for several years in the Dominican Republic, selling thousands of books in major libraries. You have the perfect combination of experience, skills and proven techniques at your disposal with this incredible method.

Yeral E. Ogando's personal testimony follows:

GOD LOVES ME SO MUCH

On January 11th, 2010, I arrived at Port-au-Prince with a delegation of four people. We were in a mission trip, and our goal was to meet eighteen pastors and churches the following day.

The following people formed the delegation:

Andrés Serrano, D.M., pastor of Church *La Senda* (The Path) in Corona, California. He is also the owner of three radio stations, including *Radio Impactante*, in The Dominican Republic.

Brigido Cabrera, D.M., coordinator for the Hispanic Ministry *Reformed Church in America*.

Doctor James Seawood, President of *The Reformed Church in America*, at that time. Sadly he recently passed away.

Mrs. Emra Seawood, wife of the president of the *Reformed Church in America*.

And myself, Yeral Ogando, coordinator, interpreter, and group guide.

When we arrived, some members did not like the hotel Plaza that had been reserved in Chandmas, so they suggested moving to another one.

They were interested in Hotel Montana; however, the president of the RCA was comfortable in the hotel Plaza so we decided to stay there.

On January 12th, 2010, we went out to visit some churches outside of Port-au-Prince in the morning.

We had a meeting with Mr. Edwin Paraison, minister of Haitians that live abroad. We arrived at 3:45 for the meeting and left at 4:15.

We came to the home of Pastor Yvon Joseph to grab a quick bite, since we had a meeting at his church, then we would go to see Pastor Clerziu's church.

At 4:45, pastor Yvon and myself told the delegation to hurry up, since we were late and were expected at the church.

We were in the middle of traffic on La Lune Street when we suddenly felt that the car started turning around, as if it was sliding.

We saw how the building behind us collapsed, falling on the people inside and on the street. Ahead of us people were running and screaming "Mesi Jezi – Glwa a Dye", "they are hurt".

We had to get out of the car, and pastor Yvon, along with the delegation of Haitian pastors that were with us, decided to surround us so that no one would touch us and escort us to the hotel, which was about seven minutes away.

We were five minutes from meeting the brothers and sisters in the church. They decided to protect us instead of going to look after their own; that is "God's love."

When we arrived we prayed over pastor

Yvon's family, especially his daughter Faran, a four year old, who was singing in Creole, French and English twenty-five minutes prior to the earthquake. Pastor Yvon said, now we will go see what has happened to our own and no matter the result, I will be here tomorrow at 8:00 a.m

We spent the night in the balcony because of the great vibrations every fifteen to twenty minutes, all we could hear were the cries and wails on the street. People were looking for their family. Children had died, buried by the earthquake, some were able to escape, and some could not.

At 6 a.m. we went out to the Chandmas square. It was full of people, wounded and dead. There was a big crowd coming down in stampede, since it was an open area. The white house collapsed with many workers inside.

We saw things that are unforgettable.

At 7 a.m., pastor Yvon and Kenken arrived, and informed us that everything was destroyed. Pastor Yvon's home, where we had eaten, had collapsed burying seven people.

His daughter was saved because when a wall fell down on her, it covered her, so she only suffered some wounds.

The church where we would meet also collapsed. The pastors and leaders were able to escape, and many were wounded.

Pastor Clerzius's church collapsed too, burying the assistant pastor and a sister from the church. He told us that streets were closed because of the rubble. Buildings had collapsed, cars were abandoned and crushed.

We needed to leave Port-au-Prince. We agreed, then, to walk to the airport to see if we could leave from there.

The aftershocks were very strong, the vibrations continued. Pastor Yvon and Kenken guided us, we walked for about an hour and a half from Chandmas to La Rue de L'aeroport. During this walk I saw people outside their homes, crying and calling out to see if a member of their family would answer from the rubble. There were bodies on the streets, wounded, cries, wailing.

When we arrived to La Rue de l'aereoport, we did not find any means of transportation. We were then forced to pay a driver 500 goud each, so that he would take us to the Toussaint Louverture airport.

When we arrived it was closed. Part of it had collapsed. The agencies were closed. There were many people there, and they all said **"no flights."**

We spoke to a guide at the airport and agreed to pay him US$150 to take us to the

Dominican border, Jimani.

During the entire trip we saw the great destruction and ruins caused by the earthquake. Thank God we arrived at the Dominican border, around 2:00 p.m., when we were able to cross it.

Every one said **"We are safe now!"**

We took a taxi at the stop at Jimani, and from there to Santo Domingo. God loves us so much. He delivered us, protected us, saved us and brought us all back and well.

In the house where we ate, seven people died, the church where we would meet collapsed, and many were wounded; in the next church two people died, the Montana Hotel collapsed. Our families, friends and people who knew us were all praying for us, in the Dominican Republic, in the U.S. and in Canada they thought us dead. What a tragedy…but God had protected us.

When we were able to cross the border, I called my wife and she was speechless.

I spoke to my sister Leris Yakelin Ogando, and she could only cry and say **"chamo, chamo."**

I talked to my daughters, who had not been able to sleep, and they could only say **"I do not want you to die, daddy, do not die."**

I called my dad, whom I had never seen cry,

and on the other end of the line I could feel the tears, he could just barely say **"I thought I had lost you."**

My little niece, Ruth, four years old, was crying and telling me **"Uncle, are you going to die? Do not die…"**

Why did God save me? I will never be able to answer that question; I could only say that He has a big mission for me, as I tell my brothers and friends, **"There is somebody up there who still loves me"**…

GOD LOVES ME SO MUCH, GLORY TO GOD IN THE HEIGHTS, THANK YOU MY LORD FOR SAVING ME; I HAVE BEEN BORN A THIRD TIME…ALL I CAN SAY IS "YOUR LOVE IS INMENSE." LET ME FIND GRACE BEFORE YOU, I DO NOT DESERVE YOUR GREAT LOVE, THANK YOU, THANK YOU FOR BEING MY GOD.

BONUS PAGE

Dear Reader,

You need to download the MP3 Audio files to follow this unique method gradually. Please visit our website at: http://aprendeis.com/solo-audio/
The username is "**creole**"
The password is "**creole2015**"

Just download the Zip File and you are ready to start your learning experience.
If you want to share your experience, comments or possible question, you may always reach me at info@aprendeis.com

Remember:

Reviews can be tough to come by these days, and you, the reader, have the power to make or break a book. If you have the time, share your review or comments with me.

Go to this link: http://ow.ly/QTRpJ

Thank you so much for reading **Teach Yourself Haitian Creole** and for spending time with me.

You can check out my other books and future books on my amazon page: https://www.amazon.com/author/yeralogando

In gratitude,

Yeral E. Ogando

P.S. One Last Thing... When you turn this page you'll be greeted with a request from Amazon to rate this book and post your thoughts on Facebook and Twitter. Go to this link: http://ow.ly/QTRpJ

Be the first one of your friends to use this innovative technology. Your friends get to know what you're reading **and you can bless Yeral E. Ogando with an honest review.**

Made in the USA
Lexington, KY
15 December 2017